INSIDE SALES

インサイドセールス

究極の営業術

The Ultimate Sales Method:"Inside Sales

最小の労力で、ズバ抜けて
成果を出す営業組織に変わる

水嶋 玲以仁
Reini Mizushima

発行:ダイヤモンド・ビジネス企画　発売:ダイヤモンド社

はじめに

本書の目的は、近年注目を集めている「インサイドセールス」成功のためのノウハウを読者の皆さんに伝授することです。

私はこれまで、グーグル、デル、マイクロソフトなど、外資系企業を中心にインサイドセールスの立ち上げ・運営に携わってきました。その年数は、20年にわたります。

そもそも「インサイドセールス」を知らない人もいるかもしれません。

「インサイドセールス」とは、簡単に言えば従来の訪問型営業に対し、電話やメールといった手段を用い、訪問を必要としない営業のことです。もともとは、国土が広く、いちいち訪問などしていられないアメリカで生まれた営業手法でしたが、近年日本でも導入する企業が増えています。

訪問せずに成約できる、いわば「究極の営業術」ともいえるインサイドセールスですが、日本企業ではまだまだその運営や人材の育成ができるマネージャーが少ないのが現状です。

そこで、**20年の経験を基に、インサイドセールス組織の作り方や「つまずきのポイン**

ト」を、理論のみならず実践も含めて述べていきたいと思います。

本書は、Part 1～Part 3の3部構成になっています。**理論から実践まで、本書さえ読めばインサイドセールスのすべてがわかるように、このような構成にしました。**

まずPart 1では、インサイドセールスの理論を紹介。インサイドセールスの役割と成功させるための運営手法を紹介していきます。

Part 2では、Part 1で紹介した理論を実際に取り入れた企業のインサイドセールスがどのように変わったかをドキュメンタリー形式で紹介していきます。今回取り上げるのは、私が実際に3カ月間インサイドセールスのコンサルティングをしたユーザベースという企業の事例です。

私が今回ユーザベースを事例として取り上げようと思ったのは、この企業風土にあります。Part 1でインサイドセールスを成功させるためのポイントを紹介するのですが、ただ、いくら仕組みを取り入れても協創と自律性を重んじる組織づくりをしていかないと、なかなかインサイドセールスは機能しません。**仕組みを取り入れるだけでは、抜本的な解決にはならない。**20年の経験からこのことを痛いほどわかっているからこそ、組織風土も大事だということも伝えるべきだと思っているのです。

この協創と自律性を重んじる組織としてユーザベースがぴったりでした。Part 2ではユーザベースの企業風土についても紹介していきますが、これがインサイドセールスで結果を出すためには欠かせない。実際に仕組みを取り入れてユーザベースのインサイドセールスチームがどのように変わったのかを紹介しつつ、仕組みだけではなく、その土台となる組織風土も重要だということを伝えるのが、このPart 2の狙いです。

また、もちろん私が教えるノウハウだけがインサイドセールスのすべてではありません。そこで、Part 3では、**セールスフォース・ドットコム、マルケト、ベルフェイス、HENNGEなど、日本のインサイドセールスを牽引《けんいん》する企業にもそのノウハウをお聞きしました。**

読み通していただければ、きっと何かしらのヒントになるのではないかと期待しています。

なお、執筆にあたっては、さまざまな読者層を想定して、なるべく専門用語を使わず、平易な表現を使用するように努めました。また、本書の成立においては、多くの関係者にお世話になりました。ここにお礼を述べさせていただきたいと思います。

２０１８年11月

水嶋玲以仁

＊本書中の法人名及び役職名等は２０１８年11月時点での表記となっています。あらかじめご了承ください。

◎ 目 次

第2章 セールス組織にアジャイルを取り入れる

第3章 アジャイルな行動を可能にするユーザベースの組織風土

Inside Sales

Part 1

インサイドセールスに必要な「協創と自律性の高い組織」

第1章
どうしてうまくいかない？ウチのインサイドセールス

この章では、セールスシーンで今、インサイドセールスが注目される背景や、導入を試みてもうまくいかない理由などを考えていきます。

そもそもインサイドセールスとはどのようなものなのでしょう。「訪問しない営業のことでしょ?」と思った人も多いでしょう。確かに訪問しないインサイドセールスに対して、従来のようなお客様の元を訪れて営業するセールスをフィールドセールスと呼びます。

インサイドセールスとは何か、まずは原則となる定義を言うと「主にB to B営業のシーンにおいて、メールや電話を用いて顧客とコミュニケーションを図る手法。顧客の元へ訪問しないのが特徴」となります。

しかし「訪問しない」ということだけでは表しきれない役割を、インサイドセールスは担っています。そこで、インサイドセールスの本質をご理解いただくために、まずは「リード（Lead）」という用語を知っておいてほしいと思います。

「リード」とは「見込み客」のことを指すマーケティング用語で、まだ取引には至っていないが、今後受注する可能性のある営業先を言います。例えば、セミナーなどで名刺を獲得すれば、それは「リード」に当たり、「リード獲得」などと言います。

インサイドセールスをより深く知るためには、まずはこのリードを状況別に分類することが大切です。

リードと接点を持つきっかけはさまざまです。広告やセミナー、展示会での名刺交換、資料請求、架電などが考えられますが、商材を売る側からリードを見たとき、商材の関心度にはバラつきがあります。商材のことを知ったばかりで「ふーん」という程度の人もいれば、次の商談で成約に結び付くかもしれないという人までいます。

マーケティングでは、このリードの分散の様子を「ファネル構造」と呼びます（図表1）。ファネルとは、じょうごや漏斗《ろうと》のこと。一般的な購買プロセスでは、商材のことを認知する入り口でのリードの数は多く、徐々に自社と商材とのマッチングを図ったり他社商材との比較検討を繰り返したりしながら、実際に購入するリードの数が絞り込まれてい

■図表1　見込み度合いによりリードを段階別に分けるファネル構造

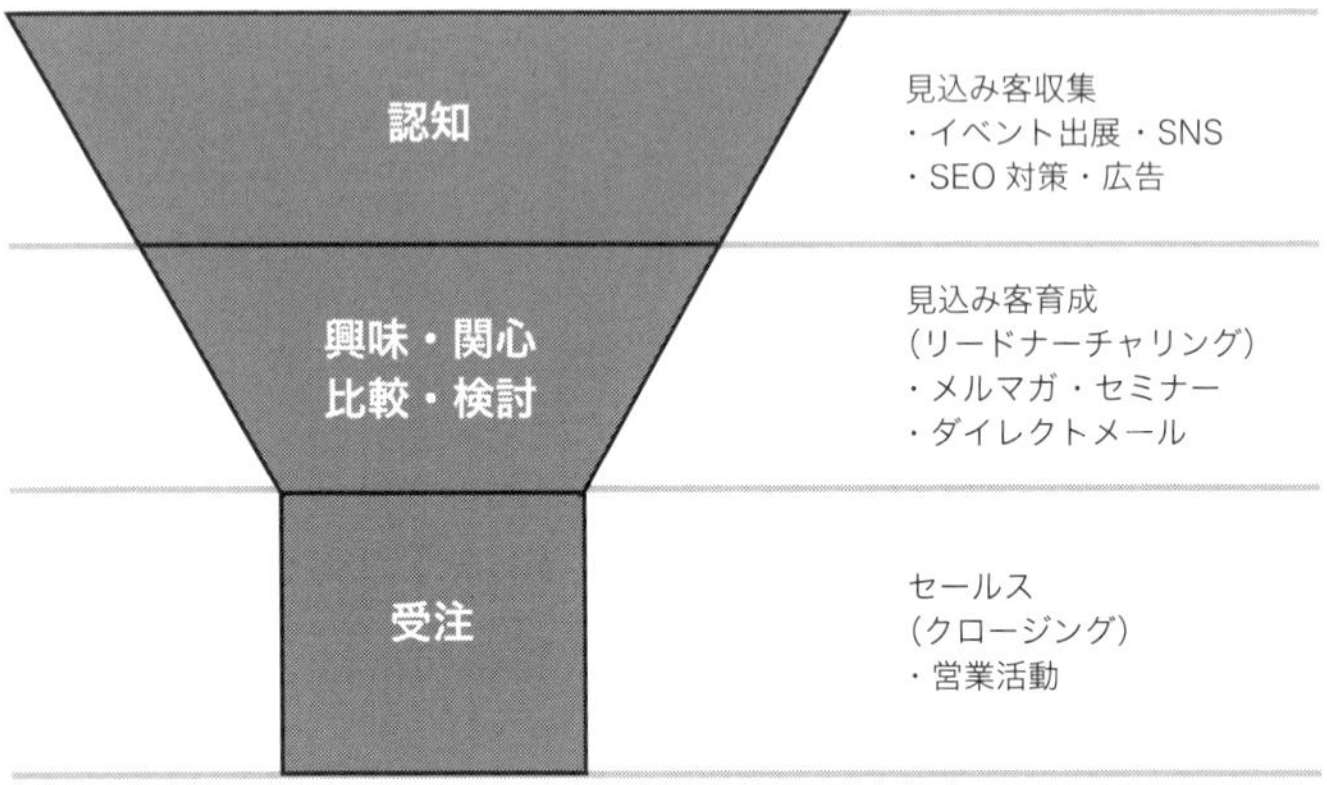

きます。その様子をファネルに見立てたのです。また、ファネルは「パイプライン」とも呼ばれ、この管理のことを「パイプライン管理」などとも言います。

特に、この入り口部分など見込み度の低いリードに働き掛けて、少しずつ受注に近づけていくことをマーケティングの分野では「リードを育てる」という考え方をします。そこで英語で「育てる」を意味する「ナーチャリング（Nurturing）」を用いて、「リードナーチャリング」と言ったりします。インサイドセールスの役割を理解する上でとても大事な用語です。

さて、このファネル構造ですが、リードが入ってくる入り口の部分をマーケティングが担い、商談から受注（クロージング）に当たる細い管の部分を営業（フィールドセールス）が担うことは、何となく想像がつくでしょう。**ではその間に当たる、管に向かって徐々に細くなるところは誰がケアをするのか？　そうです、この層のフォローに、インサイドセールスは効力を発揮します。**

マーケティングとフィールドセールスの橋渡しをする

インサイドセールスのいない企業では、マーケティングが集めたリードはフィールドセールスに直接パスされます。このときマーケティング側でふるいにかけて、ある程度受注見込みのあるリードに絞られていることもありますし、セミナーの参加者を取りあえずリスト化しただけということもあるかもしれません。ただいずれにしろ残念なのは、フィールドセールスがこのリードを活用することは難しいということです。

一軒ずつ電話をかけて、興味や反応を見て、訪問アポイントを取る。その一連の流れはそれなりの時間を要し、フィールドセールスには大きな負担です。できることなら確度の高いリードに絞って訪問し、効率よく契約を取りたいというのが本音でしょう。

特に訪問済みのリードを多く抱えていると、その対応だけで手いっぱいとなり、マーケティングから届いたリストに手をつけられないといったことが起こります。せっかく投資して得たリードの情報を、ふいにしているのです。これではマーケティングがうまく機能しません。

加えてリードの見込み度合いが整理されていない状態では、別の問題を生みます。それは、リードの関心にかみ合わないセールス活動をする可能性があるということです。例えばリードは商材に少し関心があり資料が手に入れば満足する段階なのに、具体的な提案に向けて訪問のアポイントを熱心に取りに行くといった具合。

双方の温度感が一致せず、場合によっては押し売りされていると受け取られかねません。逆に既に導入を検討し始めていた相手に資料送付だけで終わらせてしまっては、競合に奪われてしまう可能性もあります。

しかし**インサイドセールスが入ることで、マーケティングが獲得したリードを無駄にすることがなくなります。**

訪問はせずに電話やメールを活用する分、1日に多くのリードと接することができます。加えてリードの関心度合いに合わせ、適切なアプローチができるのもインサイドセールスのメリット。

頻繁にサイトを訪れているリードにはトライアルを提案する一方、いずれ購入するかもしれないがまだ具体的ではない相手にはメールで挨拶するというように、コミュニケーションを使い分けるのです。そうすることでリードの関心を徐々に温め、リードをファネルの入り口から管の部分へと最適なペースで誘導できるようになります。

インサイドセールスがリードナーチャリングを担うようになると、確度の高いリードを優先してフィールドセールスに渡せるようになります。フィールドセールスは最初の訪問から商談に近い段階で話を進められるので、成約までの時間も短くなり、従来よりも効率よく営業活動を行なえます。

このように**インサイドセールスは、マーケティングとフィールドセールスの間に生じた溝を埋め、かゆいところに手が届かなかった部分をフォローできるようになるのです。**

ただ、これはあくまで原則です。実際にインサイドセールスを取り入れている企業では、よりマーケティングに近い役割を果たすインサイドセールスもありますし、フィールドセールスを置かずにインサイドセールスだけで商品を売り切ってしまう場合もあります。

実際のインサイドセールスを分けると以下の4つのタイプに分かれます。ここまで説明してきた、マーケティングとフィールドセールスの間に入りリードを育成する役割はタイプ2です。本書でも、主にタイプ2を想定して解説していきます。

〈インサイドセールスの4つのタイプ〉

タイプ1 リード発掘型：リードの創出が目的。入手したリストを基に架電するなどして、商材に関心のある人たちを探し出す。

タイプ2 リード育成型：マーケティング施策で得られたリードに対し、電話で直接対話するなどして商材へのニーズや相手が抱えている課題を引き出し、商談できる状態にリードナーチャリングをする。タイプ1と異なり、ある程度商材に関心がある人がターゲットとなる。

タイプ3 営業クローズ特化型：マーケティングの段階で商材への関心が高まっており、既に検討段階に入っているリードに対してアプローチする。具体的な提案を行ない、契約までをインサイドセールスで行なう。ここで言う「クローズ」とは「受注」のこと。契約締結の段階のことを特に「クロージング」と言う。

タイプ4 訪問営業協業型：フィールドセールスと連携しながらリード創出からクロージングまでを行なう。初回訪問の段階ではあまり見込みのないリードは、インサイドセールスに戻してナーチャリングに回すなど、うまく役割分担するのが特徴。

なぜインサイドセールスが注目されるのか

インサイドセールスは、取り立てて新しいセールス手法ではありません。少なくとも私がデルに在籍していた２０００年代初頭にはインサイドセールスを用いた販売手法が確立されていましたし、一説によれば１９５０年代にはアメリカでスタートしていたといいます。けれども日本の営業は、近年まで訪問によるものが一般的でした。国土の広いアメリカと違って比較的移動負荷がかからず交通インフラも発達していることもあり、顧客の元を訪ねて膝と膝を付き合わせて商談することが、誠意を伝える手段でもありました。

しかしながら時代は変わり、日本でもインサイドセールスの需要が高まってきました。どうしてなのでしょう。

1　購買・所有の仕組みが変わってきている

近年、「デジタルトランスフォーメーション」という言葉が世間を賑わせています。デジタルトランスフォーメーションとは、ＡＩやＩｏＴをはじめとするデジタルソリューションによって、社会構造やビジネスの仕組みが変革することを言います。

デジタルトランスフォーメーションのポイントは、変革の速さです。昨日まで最新だったことが、一晩たてば過去のものということも大げさではなくなりました。そこで課題となるのが、所有のあり方です。

これまで私たちのビジネスや暮らしは、さまざまなシステムやアプリケーションを取り入れることで便利さや快適さを手に入れてきました。そして少し前までは、パッケージを買って個々の端末にインストールする、あるいはオリジナルのシステムを導入するという買い切り（売り切り）型のモデルが一般的でした。しかしそれではデジタルトランスフォーメーションのスピードについていけず、入れたそばから陳腐化してしまいます。

そうした中、**近年ソリューションの提供方法で主流となっているのが、サブスクリプションモデルと呼ばれるものです。**「サブスクリプション（Subscription）」は英語で「定額課金」のような意味です。商品を買うのではなく、毎月月額料金を支払いながら利用するようなサービス形態ですね。特に近年のクラウドサービスで言うと、ユーザーはインターネットに接続してソリューションを利用し、定期的に利用料を払います。

このようなサブスクリプションモデルによって、ユーザーが直接所有せずインターネットを経由してレンタルのように利用するソフトウエアを「ＳａａＳ（Software as a Service）」といいます。

ソリューションのアップデートはサービス提供者側で行なわれますし、必要なものだけを選んで契約することもできます。また外部ネットワークとの接続も柔軟に行なえますし、月額の使用料はパッケージを買うよりも手頃なので初期投資を抑えることができます。

つまりデジタルトランスフォーメーションの到来により、所有することから利用することへと価値の変化が生じているのです。この動きはＩＴなどデジタルの領域に限らず、カーシェアリングや自社ビルを持たずにテナントに入居する、コワーキングスペースを利用するなどアナログな場面でも見られます。

こうした価値観の変化は、セールス側の意識も変えていくことを求めています。売り切り型モデルが一般的だった頃は、モノを売ることがゴールでした。売買の瞬間にどれだけ高い契約を取り付けることができるか、それがセールスの焦点でした。

しかしサブスクリプションモデルではそれが通用しません。というのも、**解約がもっとも大きな損失ですから、「カスタマーサクセス（Customer Success）」までも視野に入れなければなりません。**「カスタマーサクセス」は直訳すると「顧客の成功」ですが、つまり自社製品・サービスを売って終わりではなく、それを基に顧客の事業拡大まで考えて支援することです。サブスクリプションモデルの場合、顧客が自社製品・サービスを基に成功してくれなければ、解約されてしまい、それでは困るのです。

入り口はミニマムな契約でも末長く愛用してもらう、さらに商材の価値に納得した上でグレードを上げる（アップセル）や関連商材の購入（クロスセル）、あるいは追加の契約に繋げていくような形が、理想のセールスシナリオなのです。

それには**初期の段階で、顧客との間に長期にわたるパートナーシップが築けるか、本当に自社のサービスが顧客のニーズに応えられるのかといった見極めが重要になってきます。**もちろんこれらの観点は、従来のセールスでも盛り込まれていたと思います。しかし瞬間的な売上が問われていた以前のセールスよりも、顧客との関係構築がより大切になっていることは間違いありません。

顧客との関係構築を重視するということは、より丁寧できめの細かいセールスアプローチが求められるということ。インサイドセールスは、マーケティングやフィールドセールスではフォローしきれない範囲をカバーするという意味で、重要なポジションだと言えます。

2　働く環境が変わってきている

この本で改めて言うまでもなく、今の日本は労働力不足が課題となっており、その傾向は加速する一方です。企業は限られたリソースで、生産性をどう確保していくのかを問われています。

生産性を保つには、2つの考え方があります。1つは業務の効率化を図り、単位時間当たりの生産性を上げることです。その点インサイドセールスは、とても有効な手法といえます。単位時間当たりに接触できるリードの数は訪問型のセールスとは比べものにならないですし、マーケティングからきた将来の顧客候補から見込みのあるリードを峻別するのですから、フィールドセールスだけでこなしていた時よりも、商談段階で受注確度の高いリードに出会える確率は格段に上がります。

そして生産性を保つもう1つの方法は、多様な人材をアサインすることにあります。組織のダイバーシティ推進には多様な社会に合った商材を生み出す効果もありますが、働く時間や場所が限られている人材も活躍することで全体の生産性を高めるという側面もあります。

電話やメールで営業活動を行なうインサイドセールスは、訪問営業に比べて場所や時間の制約がありません。最初のうちはスキルの習得や組織カルチャーになじむ意味でオフィスでの活動が望まれますが、自立できる段階になれば在宅勤務やサテライトオフィスでの勤務も取り入れやすい職種です。高い能力がありながら、さまざまな事情でフルタイムのオフィスワークはできないという人でも、手腕を発揮できるのがインサイドセールスです。

柔軟かつ働きがいのある職場環境は、働く人にとって魅力に感じるものです。優秀な人材を確保する上でも、インサイドセールスは一役買うことでしょう。

テレアポと大きく異なるインサイドセールス

さて、インサイドセールスを語るにあたり、よく聞かれるのが「テレホンアポインター（テレアポ）との違い」です。しかし私に言わせれば、インサイドセールスとテレアポは似て非なるものです。

違いの1つは、リードとの関係構築です。訪問アポイントを取るのに、テレアポをアウトソーシングしているところは多いと思います。しかし必要なリード情報はひと通り取れているにもかかわらず、訪問しても相手の反応がいまひとつだったという経験はないでしょうか。実はここに、インサイドセールスとテレアポの大きな違いがあります。

テレアポの仕事は、リストに記載された相手にできるだけ多く架電し、そしてできるだけ多く情報を得て、アポイントを取ることです。アポイントを取れた時点で、ミッション完了になります。

対するインサイドセールスはどうでしょう。リードの課題や状況をヒアリングすることは、一見テレアポと大きな違いはありません。しかし**インサイドセールスのミッションは、受注に繋がる可能性の高いリードをフィールドセールスにパスすることです**。そうなると、リードに対する踏み込み方が変わってきます。

リードの事業課題を解決するのに、自社の商材がどのような形で役に立てるのか、その観点で話を深く聞き込み、時には相手の心情をくんで対話を重ねていきます。また同時に、自社の顧客として付き合うべき相手かどうかを目利きするのも、インサイドセールスには求められます。そして電話やメールで知り得た内容を踏まえ、商談の方向性を描いた上で顧客に提案するのです。

こうしたやり取りができるようになるには、自社商材の情報だけでなく、相手の業界や業種に対する知識やトレンド情報、さらに相手の出方に応じて柔軟にやり取りする対話力が求められます。セールスピッチ集が役立つ場面もあるかもしれませんが、それはほんの一部であり、テレアポのようなスクリプト通りの会話ではまったく歯の立たない世界が、インサイドセールスなのです。

そして**もう1つのインサイドセールスの重要な役割が、マーケティングとフィールドセールスの架け橋となることです。**セールス全体をより戦略的、かつ機能的に動かしていく司令塔の役目を担うのです。

インサイドセールスには、成約に繋がったリードから、そうでないリードまでたくさんの情報が集まってきます。それはアンケートやモニター調査とは違い、リードの悩みや困り事、そして本音がいっぱい詰まったものです。その情報をマーケティングやフィールドセールスなどに提供し、顧客層に響くマーケティング施策や成約に繋がる商談のシナリオを関連部署と一緒に考えていくのです。

どうでしょう。本来のインサイドセールスは、テレホンアポインターやフィールドセールスのサポート役では収まらない重要なポジションといえます。しかし機能させるには、インサイドセールスをただ入れるだけでなく、周辺の意識と業務プロセスの変革が欠かせないのです。

ツールを入れればうまくいくわけではない

戦略的にセールス活動を行なうには、自社のファネルの状態を把握することが何よりも肝心です。もし今の時点で毎日のように受注が伸びていても、入り口が手薄ならばやがてリードは枯渇しますし、入り口で十分な数のリードを確保していても受注に繋がらないというのなら、セールスの仕方を再考する必要があります。商談化から受注までの流れの状態をクリアにすることも大切だといわれますが、**ファネルの遷移を数値で見える化させる**

のも大切なことです。

このファネルの管理に役立つのが、ＭＡやＳＦＡなどのソリューションです。ＭＡやＳＦＡを説明する前に１つ用語を押さえておきましょう。

「スコアリング（Scoring）」というマーケティング用語で、リードを見込み度に応じて点数付けすることです。例えば、そのリードが自社サイトへアクセスしてきた、送ったメルマガ内のリンクにクリックした、問い合わせフォームや料金ページなど短期間のうちに何度も訪れているというように、リードが自社商品の購買に近づく行動をするごとに点数が加算されます。

購入の見込み度が低いリードに対してはナーチャリングを行ない、スコアがある程度高くなったリードをフィールドセールスに渡すといった運用をします。ナーチャリングによって一定以上のスコアに達した、見込み度が高い状態のリードをＭＱＬ（Marketing Qualified Lead）と呼びます。

さて、そこでＭＡやＳＦＡの説明に移りましょう。

ＭＡ（Marketing Automation）…リードをスコアリング管理し、それぞれの段階に応じて適切なマーケティング施策をサポートするＩＴツール。代表的なものにマルケト（現アドビ株式会社・以下同様）が出している「Marketo」がある。「Marketo」の場合、各段階（ファネル）におけるリードの遷移率の管理、メール送付やSNS投稿の自動化、一定のスコアに達したリード（MQL）をセールスに自動的に紹介する機能などがある。

SFA（Sales Force Automation：営業支援システム）…顧客ごとの営業活動の履歴を残すことができ、それらを自動的に集計できる機能を持つITツール。商談管理や営業分析、また今後の売上予測や営業戦略、営業スケジュールなどを一元管理できる。代表的なものに、セールスフォース・ドットコムの「Sales Cloud」がある。

MAやSFAは、リード情報を一元管理でき、マーケティングからセールスまで一気通貫で同じ情報を共有できるので非常に便利なツールといえます。

さらに機能を使いこなせば、効率的なアプローチが行なえます。例えばMAならリードの関心に合わせたメール配信を自動的に行なえますし、ターゲットとなるリードが自社サイトのどのページを訪れているかを記録するので、料金や機能など何に関心があるのかを探ることもできます。

SFAについては、記録の仕方を工夫することでいろんな角度から集計や分析ができますし、過去の履歴を生かして営業戦略を立てることもできます。このあたりはPart 3で登場する企業で紹介しているので、参考にするとよいでしょう。

ところが一方で、ＭＡやＳＦＡを導入したけれどうまく機能しない、思ったほど効率的にならなかったという声もよく耳にします。かつてＳＦＡ業界の人から聞いたところによると、ＳＦＡをフルに活用できている企業は2割以下と話していました。「感覚値ではあるけれど」とその人は言っていましたが、いずれにせよ、ほとんどの企業はＭＡやＳＦＡをうまく使いこなせていないのです。

どうしてそのようなことが起こるのか。私がこれまでコンサルティングに入った会社を見る限り、２つの傾向が浮かび上がってきます。

傾向１　記録の習慣化ができていない

先ほどＭＡやＳＦＡの利点をいくつか挙げましたが、これらの機能を使うには、情報を入力しないことには始まりません。言い換えるならば、記録の習慣化が必要なのです。

ところが実際はフィールドセールスを中心に、記録を嫌がる傾向があります。特に仕事の属人化が進んでいる組織ではなおさらです。「お得意さんの情報は、自分の頭の中にある」これが担当にとっては１つの強みであり、手の内をさらしたくないと考える人もいますし、単純に記録が面倒と考える人もいます。

ツールへの入力は、やり方次第で簡略化することも可能です（Part 3参照）。まずは記録することの意義を浸透させることが大切になってきます。

傾向2　ツールの持ち味をダメにしている

ツールを導入する際は、自社の環境や事情に合わせてカスタマイズすることができます。しかし自分たちの組織の都合に合わせすぎて、ツールの利点がまったく生きてこないものになってしまっているケースを往々にして見掛けます。

例えばSFAは営業支援ツールではありますが、MAと連動させることで機能性が大幅にアップします。ところが営業部門の視点に偏ったカスタマイズを図ると、マーケティングとの連動がうまくいきません。部門を超えて一気通貫で同じ情報を活用できることがメリットなのに、それを妨げてしまうのです。

ツールを入れるということは、仕事の仕方を変えるということ。それは、今から20年ほど前にオフィスにパソコンが普及した時と同じです。それまで紙に手書きで残していた文書は、今ではオンライン上に直接記録するのが当たり前になっています。紙に一言一句下書きし、それをデータに打ち込むというやり方をする人はめったにいないでしょう。

ＭＡやＳＦＡの導入にも、同じことがいえるのです。ＭＡとＳＦＡはグローバル標準のモデルが基本です。導入する際に、自社のプロセスと比較検討することをお勧めします。カスタマイズしすぎると、バージョンアップする際に多額のコストが発生します。

データとの連携が営業活動の核になる

ツール導入の話にも共通しますが、インサイドセールスを取り入れるということは、マーケティングとセールスの仕組みを根本的に変えるということです。

もし、これまで顧客管理も含めて部員に任せていた営業組織なら、そのやり方は通用しなくなります。なぜなら**成否のカギを握るのが、それぞれの根性と愛嬌ではなく、データとの連携になる**からです。つまり、より科学的にかつチームワークを意識した営業活動になるのです。

例えばマーケティングに集まったリードをインサイドセールスに渡す判断は、一般的にスコアリングが用いられます。

続いて、インサイドセールスからフィールドセールスにリードが渡るときはどうでしょう。スコアリングを取り入れるかどうかは別として、少なくとも訪問による営業活動をするのに機は熟した状態のリードが送られてきます。このとき大切なのが、情報共有です。リードは商材のどのようなところに魅力を感じているのか、また商材を導入することでどのような課題解決を期待しているのか、そして商材導入にあたりネックとなっているところはどこかなどを、ＳＦＡを介してインサイドセールスから情報を引き継ぎます。

フィールドセールスはその情報を基に戦略を立てて、リードの元に、訪問により得られた情報や進展は随時ＳＦＡに入れて、他のフィールドセールスのメンバーやインサイドセールスと共有します。入力した情報は進捗管理に使うだけでなく、インサイドセールスへのフィードバックにもなりますし、蓄積していけば統計情報やケーススタディー資料にもなります。

もし受注に至らなかった場合でも、ここまで情報が明確になっていれば「この段階で、ここのヒアリングが不足していた」、「この部分で双方の考えに相違があった」など、失注（ロスト）の原因や理由を論理的に考察できます。少なくとも、「お前の努力が足りない」とか「やり方が悪い」といった、曖昧で根拠の薄い議論で終わることはありません。

逆にフィールドセールスのやり方をこれまでと変えないというのであれば、インサイド

セールスを入れてもうまくいかないでしょう。なぜなら情報の連携が行なわれず、インサイドセールスがせっかく育ててきたリードも、フィールドセールスにとっては扱いづらいものになりかねないからです。もし「こういうリードが欲しい」、「こんなリード情報があったら助かる」といった要求があるならば、インサイドセールスと議論し合い、理想的なパスのあり方を共有すべきです。

それができないのであれば、インサイドセールスは簡単にテレアポ部隊に成り下がってしまいます。インサイドセールスを生かすカギは、フィールドセールスにかかっているのです。

KPIマネジメントの落とし穴

日本企業でも、業務管理にKPI（Key Performance Indicator：重要業績評価指標）マネジメントを取り入れるところが増えています。私も日頃、KPIについての相談を受けることが非常に多いです。ただ皆さんの話を聞いていると、KPIに対して誤った認識をしていると感じることも少なくありません。

1　ＫＰＩは行動指標ではない

セールス部門では、訪問数や架電数などをＫＰＩに置いているところもあるでしょう。しかしＫＰＩは先ほどの説明にもあるように、「業績」の評価指標です。訪問や架電は業績に繋がる「行動」であって、業績そのものではありません。行動は業績を支えるものとして、別にＫＡＩ（Key Activity Indicator：重要活動評価指標）という考え方があります。しかしＫＰＩもＫＡＩも、「ありたい姿」＝ゴールに紐付いて設けられるものであることを忘れてはいけません。ここで言うゴールは、ＫＧＩ（Key Goal Indicator：重要目標達成指標）といいます。例えばダイエットをするのにＫＧＩやＫＰＩ、ＫＡＩを設けるとしたら、次のようになります。

・ＫＧＩ（めざすゴール、ありたい姿）…半年でＢＭＩを20にする。
・ＫＰＩ（ゴールを達成するための重要な指標）…毎月１kg痩せる。
・ＫＡＩ（ゴールのためのアクション目標）…毎日１万歩以上歩く、１日の摂取カロリーを１８００kcal以内に抑える。

2　KAIは増やせばいいものではない

設定した目標に到達できないとき、対策を考える必要があります。一時的にKGIやKPIを下方修正することもあるでしょう。でも**実際は「訪問をあと5件増やします」、「架電を10件増やします」と行動量（KAI）を増やす手段を選びがちです。**

しかしマンパワーや時間に余裕があるのならまだしも、手いっぱいのところに行動量を増やすのは、相当な負荷がかかります。先ほどのダイエットの例でも毎日1万歩以上歩くことだって大変なのに、2万歩に増やすとなったら相当難しいでしょう。

単純に数を増やすことは、質の低下を招く原因にもなります。さらなる目標未達を引き起こす可能性もあるのです。仕事の量だけ増えて成果が得られないというのは、本意ではないでしょう。しかしながら**指標だけを見て仕事を進めると、往々にして起こりがちな現象です。**

そこで**大切になってくるのが、「行動の中身を見る」ということ。**例えば同じ架電するにしても、それが最適なアプローチとなるリードにかけていなければ意味がありません。もし商材への関心はほどほどで、電話を煩わしく感じるような相手なら、今の段階では何度も架電するよりもメールマガジンを送るほうが効率的ですし、その後の関係構築を考えても効果的といえます。

3　ＫＰＩに縛られすぎるな

多くの場合、目標設定時に複数のＫＰＩやＫＡＩを設定すると思います。しかしこれらを過信し縛られすぎると、職場の柔軟性はたちまち失われてしまいます。

私が在籍していたマイクロソフトでも、当時は日次、週次、月次ごとにいくつもの指標を管理していました。しかし細かく設ければ設けるほど報告作業は増えるし、計画を立てるにも半年近く前から考え始めなければならない。数字を追求した結果、俊敏さが奪われていったのです。

さらに日頃の営業活動も、数字しか見えなくなってきます。優秀なセールスになると、目標の上振れ分を翌期に持ち越すような操作をし始めるなど、自分のことしか考えなくなってしまう。それではチームを超えた横の連携も生まれてきません。人間関係もギスギスしますし、数字を出せばよいとなれば新たなチャレンジも敬遠しがちになります。まるで体重の増減を気にしすぎて、１日の食事をリンゴ１個で済ませたり友達との食事を断ったりする人のようです。このような組織に未来はないことは、明らかでしょう。

ＫＰＩマネジメントは目標管理において非常に有効な手法ですし、現在の組織運営にお

いて欠かすことのできないものです。しかしながら、扱い方を間違えたり依存しすぎたりすると、描いていた組織の姿とはまったく逆の方向をたどる可能性もあることも、理解しておく必要があります。

第2章 セールス組織にアジャイルを取り入れる

さて、第1章でデジタルトランスフォーメーションの話に触れました。デジタル技術により、目まぐるしい速さで社会やビジネスのあり方が変わる現象のことです。ビジネスのあり方が変わるということは、仕事の進め方も今までのやり方ではスピードについていけない可能性があります。つまり、組織の形も変わる必要があるのです。

そのことに早くから目をつけていた企業があります。GAFA（Google/Apple/Facebook/Amazon）をはじめとする、シリコンバレーのIT企業です。

これらの企業は、「アジャイル（Agile）」の考えを組織運営に取り入れたことでも共通します。アジャイルとは、英語で「機敏な」という意味。ソフトウエアの開発手法の1つで、最初の段階から完成形をめざすのではなく、細かくテストと改善を繰り返しながら、徐々に形をつくり上げていくやり方です。アジャイルはここ最近のトレンドワードですから、聞いたことがある人も多いのではないでしょうか。

■図表2　ウォーターフォール型とアジャイル型の開発手法の違い

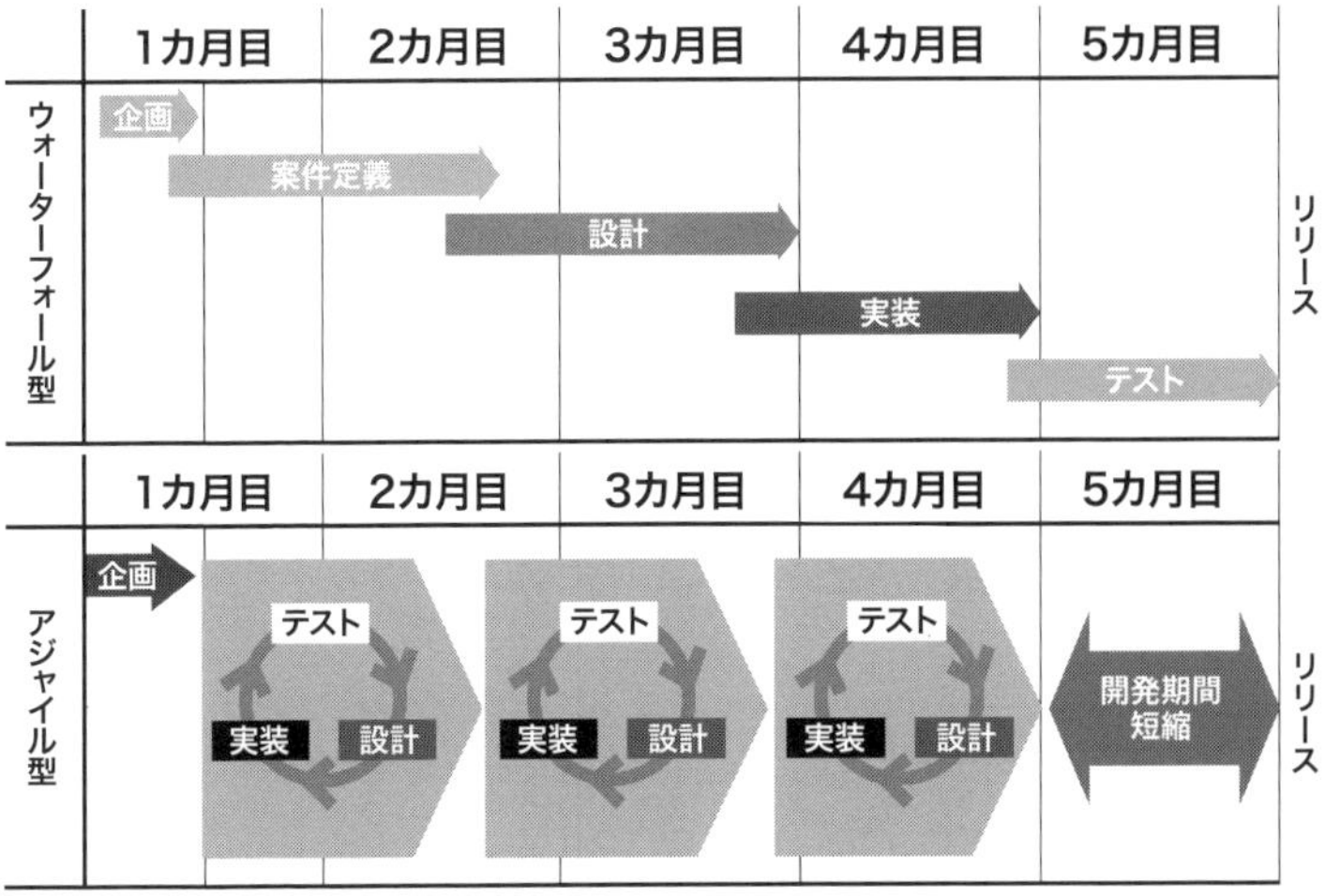

アジャイル型の比較対象に挙げられるのが、ウォーターフォール型の開発手法です（図表2）。滝として落ちる水のごとく、後戻りすることなく着実に前に進める手法です。初期の段階で完成形のイメージと要件定義を固め、要件に合わせてシステムを設計し、設計に合わせてプログラミングを行ない完成させるというもの。この方法では最初に決めた要件を再現することが重要で、逆にいうと最終的な結論である完成イメージが固まらないと開発着手ができないため、どうしても時間がかかってしまいます。さらに、開発途中での変更・追加が困難です。

それに対し、アジャイル開発では、初め

から厳密な完成形は決めず、おおよその仕様だけで開発を開始し、小単位でのＰＤＣＡを繰り返し、徐々に開発を進めていく手法です。アジャイル開発の利点は、開発途中の仕様変更や追加を柔軟に行なえること。計画を重視したやり方ではないので、変化の激しい環境下で強みを発揮します。

システム開発は、開発に着手してから完成までに長い期間を要します。今の変化の激しい時代では、開発着手の時に完成形として定めた最終イメージが、実際に完成する頃にはベストでなくなっている可能性が非常に高いのです。

だからこそ、ソフトウエア開発の分野では変化に柔軟に対応できるアジャイル開発を採用する企業が増えてきています。

そして、環境の変化が激しいというのは何もシステムに限らずビジネス全般にもいえることです。シリコンバレーで急成長を遂げている企業の多くは、アジャイルの発想をビジネスにも取り入れることで変化のスピードに対応しているのです。

アジャイルを機能させる5つのカギ

アジャイルの考え方は、セールスの組織運営にも応用することができます。できることならインサイドセールスだけに限らず、マーケティングやフィールドセールス、さらには契約後の顧客とのリレーションシップを築く、カスタマーサクセスやカスタマーサポートなどを巻き込んで行なえれば理想的でしょう。

一方で**取り組みは、いかに重厚長大な要素を少なくするかがポイントです。**大きな目標も、すぐに取り組めるサイズに分解すること。半年で180km走れと言われたら大変だと思いますが、1日1kmとわかれば気軽に走れるものです。

そして**もう1つ大切なことは、「気づき（Insight）」のマインドセットです。**慣例で何となく行なっていたことが、実は失注を生み出す原因だった、あるいは成約に繋がる重要なアクションとなっていたということもあり得ます。気づきは改善の宝庫であり、当たり前を見直すきっかけにもなるのです。

この他アジャイルを機能させるコツは、次の5つにまとめられます。

〈アジャイルアプローチ5つのカギ〉

1. 変化に柔軟な対応
2. 取り組みを小さく、素早いサイクルで回す
3. 取り組みへの評価と反省

4．誤解を解きほぐす情報共有
5．組織の枠組みを超えた協力体制

例えばある商談での気づきを社内に持ち帰ったとき、フィールドセールスだけでなくマーケティングやインサイドセールスにも共有します。

ここで**大切なのは、部署の中だけで議論をせずに全体で議論すること。**気づきをインサイドセールスのオペレーション改善に生かせそうならば、早速新しいオペレーションを試してみるのです。そこでまた新たな気づきがあれば、共有と議論と改善を試みること。特にクリティカルな課題であれば、素早い改善は早期のリカバリーにも繋がります。**試行と気づきと改善のサイクルを素早く回し続けることで、アジャイル特有の機動力を生み出します。**

しかしアジャイルの実践には注意も必要です。計画重視ではないとはいえ、やみくもに改善を繰り返していては路頭に迷うことに。チーム全体で何をめざしているのか、どうあるべきかといったビジョンの部分を一致させていく必要があります。また多様な人が集まってこそのアジャイルです。それぞれの強みを引き出し、チーム全体を見ながらゴールにナビゲートするリーダー的立場の人を立てるようにしましょう。

アジャイルに特化した多様な小組織「POD」

とはいえ、言うは易く行なうは難しとはこのことで、アジャイルな組織を運営するのは簡単ではありません。というのも、「クイックな改善を繰り返す」という軽やかなアジャイルに対し、組織はその対極にあることが多いからです。要は、動きが鈍くて重いのです。

特に従来型の組織は、リーダーがいてその下にメンバーがいる上意下達の形式が一般的です。リーダーが指示命令を出し、それに従ってメンバーが動く。そしておのおののメンバーが報告や相談をしてリーダーに判断を仰ぐのが普通でした。

もうおわかりかと思いますが、これでは意思決定のスピードが遅い上、部内の足並みをそろえることに意識が向いてしまうなど、本来の目的と外れたところで労力を割いてしまうことになります。それが部門横断となれば社内の調整はさらに大掛かりになり、機動力は失われてしまうばかりです。

さらにもう1つの問題は、大きな組織は主体性を持ちづらいという点です。**アジャイルな組織の原動力は、「気づき」にあります。**1つひとつの気づきや改善は小さくても、それが積み重なれば大きな変革に繋がっていきます。**そして気づきを促すのは、主体性のある行動や姿勢です。**ところが大きな組織では、1人ひとりの組織に対する影響力が小さくなるために、自分で何かを考えたり自分から事を起こしたりすることをやめる人が出てきてしまうのです。これではアジャイルからは遠ざかってしまいます。

組織の規模がアジャイルを妨げるのであれば、組織の単位を小さくするという考え方があります。それが、「POD」と呼ばれるグーグル（の一部の組織）やAWS（Amazon Web Services）、音楽配信サービスのSpotifyなどでも用いられている運営手法です。簡単に**「小さなチーム（をつくること）」と覚えてください。**

PODの特徴をまとめると、次のようになります。

〈PODの特徴〉

・設計、構築、実行を結び、多分野かつ多機能である

・少人数（8人以下）で結成し、POD単位で意思決定する

いまひとつピンとこないかもしれませんが、従来型の組織をオーケストラとするならば、PODはロックバンドです。バンドはリーダーはいるけれども指揮者が存在せず、各パートの数も少ないので奏者の個性がそのままバンドに反映されます。パートに関係なく

気づきを伝え合い、その場でアレンジを試したり、ボーカルに合わせて移調（楽曲全体の音の高さを変えること）したりしてそのバンドならではの音をつくり上げていくところも、ＰＯＤと似ているかもしれません。

役割の異なるメンバーがそろった小さな組織では、それぞれの持ち味を生かしながら小回りを利かせた運営が可能です。さらにＰＯＤで意思決定までできるとなると、実行までのスピードも格段に速くなります。

ちなみにＰＯＤとはエンドウや枝豆などのさやのこと。いくつかの豆粒が詰まったさやが枝にぶら下がる様子からは、アジャイルな組織の集合体のイメージが浮かんできます。

ＰＯＤの成否を左右する組織風土

私がかつて在籍していたグーグルやマイクロソフトでも、一部の組織でＰＯＤを運用していました。

〈グーグル、マイクロソフトのＰＯＤ〉

＊目的
・迅速な意思決定による、営業効率と顧客満足度の改善
・スキルの向上、特に新人の早期成長促進
・持続的、自律的な改善
・競争と協創のカルチャー形成
＊ルール
・自律性の重視
・多様性の維持
・少数意見、若手の意見を無視しない
・迅速な意思決定
・オープンなコミュニケーション
・ハドル（随時行なう短時間の作戦会議）の実施
＊構成
・リーダー、ファシリテーター、新人もしくはチャレンジャーの3人
・リーダーは、持ち回りでも可能

まず、PODに限らず何事においても大切なことですが、「どうしてこのやり方を取り入れるのか」といった目的を明確にして、メンバーと目線をそろえておくこと。目的には現状と理想とのギャップが反映されるので、めざす姿を共有することができます。上記の例なら「効率化と顧客満足の両立を図るということは、共有がポイントになるな」とか、「新人を早く一人前にしたいのなら機会を多く設けることが大切だ」といった具合に、行動のベクトルが見えてきます。

続いてルールです。**ポイントは、アジャイルを促す決まりであること。**人の動きを束縛するものであってはいけません。グーグルやマイクロソフトでは、その場での意思決定を尊重し、希少な意見にも耳を傾けることで「すぐに試す」ことを促すようにしていました。

ところで、**ここで大切になってくるのが、組織の風土です。**仮に失敗を非難したり、損失を出した人を排除したりする組織では、なかなか積極的な意見は出てきませんし、責任を押し付けられるのを恐れて受け身な態度をとってしまいがちです。そうした中で「自律を」とか「意思決定を速く」とか呼び掛けたとしても、それは無理な話です。

それに上下関係が厳しかったり部署間で力関係が生じていたりすると、なかなかフレッシュな意見は出てきません。それどころか、その状況を無視したままPODを取り入れてしまうと、力の強いメンバーが意のままにＰＯＤをコントロールしようとして、かえって閉鎖的な組織になってしまう可能性もあります。

ＰＯＤはこれまでの常識を覆すやり方や、大きな組織では見過ごされていた小さな意見を反映して試せるところも持ち味の１つです。分け隔てなく意見を交わせる雰囲気づくりが求められます。さらに現場への権限委譲もアジャイルに大きく影響します。メンバーを信頼すること、またメンバーのフェアな姿勢が問われるところです。

アジャイル型組織を機能させるには、企業風土や文化も大きく影響するということを、押さえておきましょう。

改善に完成はない

ＰＯＤを導入しても、最初のうちはなかなかうまく回らないものです。意見の共有や意思決定の習慣がなければその定着が必要ですし、いろんなチームからメンバーが集まれば、それぞれの考え方や価値観の相違も起こるでしょう。

しかし、それを乗り越えてこそのＰＯＤです。人数も少ないですから意思疎通のハードルはそれほど高くないですし、小さな課題からクリアしていけば徐々に理解は深まっていくはずです。オープンにやり取りできる関係になれば、改善のスピードはどんどん上がっていくでしょう。特に初期の頃は焦らずに、時間をかけてでもPODの仕組みを浸透させることに注力します。変革のスピードに快感を覚えればしめたもの。各自のコミットメントがPODのパフォーマンスに大きく影響するので、自ら課題に関わるようになってきます。

PODは組織の行動変容、ひいては成果に繋がるアクションに作用する力を持っています。Part 2で紹介するユーザベースでは、PODの導入によりチームに大きな変革をもたらしました。その様子を詳しく紹介しているので、ぜひ読んでみてください。

改めての説明になりますが、PODは組織がアジャイルに機能するための仕組みの1つです。そして組織にアジャイルが必要なのは、デジタルトランスフォーメーションによる社会やビジネスの変革に対応するためでした。

これからの時代、変化のスピードはますます速くなることでしょう。加えてこれまで人の手で行なわれていたことが、AIやロボットに置き換わっていくといわれています。そうした状況において人がすべきことは、絶えず考え、創意工夫と改善を続けていくことです。

サッカーの試合では、同じチームでも対戦相手によってフォーメーションを変えますし、メンバーの入れ替えも当たり前に行なわれています。なぜそうするのかといえば、常に戦況もチームの状態も変わるからです。言ってしまえば、「勝利の最終形態」は存在しないのです。

ビジネスの世界も同じです。現時点では最善とされるやり方が、明日には通用しなくなることも珍しいことではありません。しかしここで大切なのは、過去を全否定するのではなく、進化させることにあります。しかしながら、進化させることはそう簡単ではありません。従来の仕組みの成り立ちやメカニズムを熟知していなければ、改悪に繋がる恐れがあるからです。仕組みを組織の成長に繋げるには、仕組みそのものを組織の中で消化させ、どう活用すればプラスになるのかを考えながら扱っていく必要があります。

それは、インサイドセールスという仕組みにも同じことがいえるのです。

[Column] 1 今、インサイドセールスが注目されている理由

インサイドセールスには、いろいろな考え方があります。そこでこの本では、私とは違う立場の専門家の意見も紹介したいと思います。

ご登場いただくのは、セールスフォース・ドットコムの伊藤靖氏と、マルケトの小関貴志氏。伊藤氏と小関氏と私は、かつてデルの直販営業部門でインサイドセールスに関わり、苦楽を共にしてきた旧知の仲です。

国内のインサイドセールス創成期から第一線で活躍し続けてきたお2人それぞれに、現在の取り組みも絡めてインサイドセールス事情を尋ねました。

OPINION 1

株式会社セールスフォース・ドットコム
インサイドセールス本部 執行役員 本部長
伊藤 靖 氏

ホットなリードを逃さず関係を築く

最初に皆さんにお見せしたい図があります。図表3はグーグル上で「Inside Sales」、あるいは「インサイドセールス」というキーワードでの検索数の推移を表したものですが、ここ最近、「Inside Sales／インサイドセールス」の検索数が急上昇しています。国内におけるインサイドセールスの関心度が、これだけ高まっているということです。

■図表３　「Inside Sales／インサイドセールス」の検索数の推移

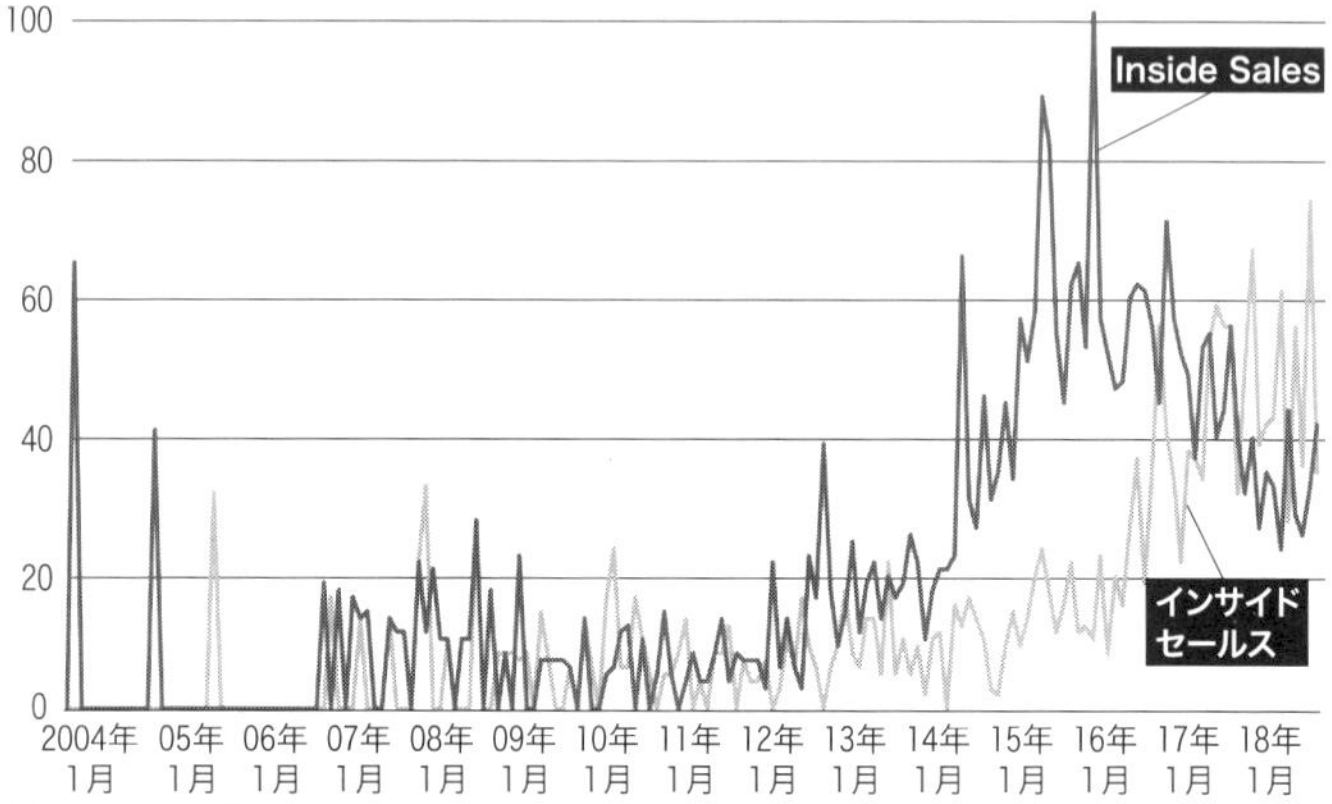

出典：Google Trends

私たちは２０００年に日本法人を設立し、ＳＦＡの販売からスタートしました。以降、テクノロジーの発展に伴い、今ではマーケティング・セールス分野にとどまらず、経理との連携や経営層にもマッチする営業分析といった多種多様なクラウドソリューションを提供しています。

しかしながら、私たちの使命はソリューションを届けることだけではありません。お客様のビジネスを成功に導くために、効果的なマーケティング・セールスの仕組みも併せてご提案しています。それが、「**ザ・モデル（The Model）**」と呼ばれる組織体系です（図表４）。

「The Model」では、マーケティングがリー

■図表4　組織営業のベストプラクティスモデル「The Model」

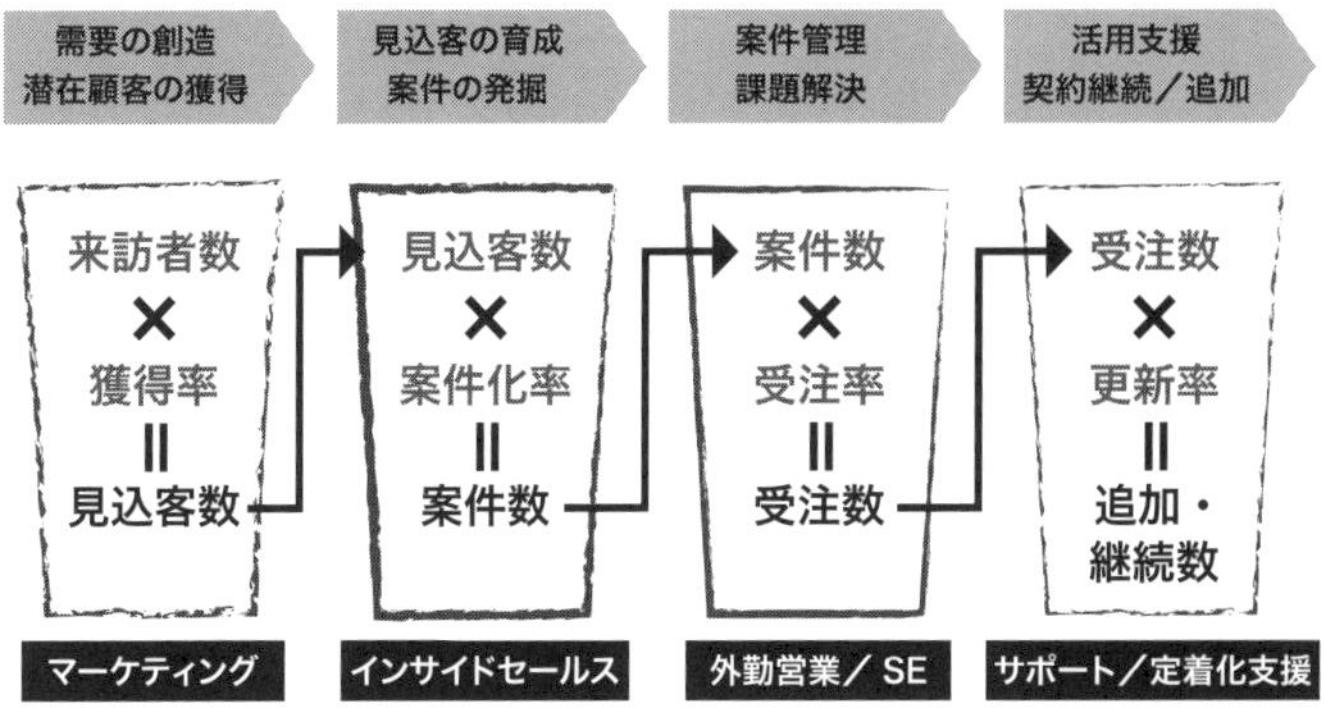

出典：株式会社セールスフォース・ドットコム

ドを獲得してから営業が成約に導き、さらにお客様との長期的な関係を築いていくためのカスタマーサクセスまでの一連の流れを示したのが特徴です。

しかしながら、**マーケティングにより商材への関心が高まった状態のリードを、そのままフィールドセールスに渡しても実はあまり意味がありません。**というのも、フィールドセールスは自分の担当顧客だけで手いっぱい。商談化したリードに比べて確度の低いリードとなると、ケアがおろそかになってしまい、結局商談まで持ち込むことがほとんどできないからです。

そこで**リードとフィールドセールスとの仲立ちとして存在するのが、インサイドセールスです。**電話やメールを通じてリードの現状をヒアリングして、その後の提案に必要な情報を確保すると同時に関係性を築いておけば、フィールドセールスは初回訪問の段階で提案することができるようになるのです。

日頃取引する中での印象では、インサイドセールスを導入する企業はBtoBのところが多いように思います。業種業態は問わず、さまざまな企業が関心を寄せていますが、特に成長フェーズにあるところや近々の成長計画がクリアな会社で導入するケースがよく見られますね。

誰もが知っているような超大手企業の導入も進んでいます。政府の進める働き方改革の一環としてインサイドセールスを置き、営業の効率化を検討される企業も増えています。

インサイドセールスで営業人材を育てる

近年、労働力不足がたびたび問題となっています。特に若手の戦力化は生産性に大きく影響する分、以前よりも成長スピードの速さが求められています。そうした意味で、インサイドセールスの効果は大きいと考えられます。

フィールドセールスに比べて一定時間に多くの商談をこなすことができますし、メンバー全員が同じフロアで職務に当たります。**すぐにフォローやフィードバックができるので、営業スキルの定着も早まることでしょう。**

セールスフォース・ドットコムでは、社内のインサイドセールス部門をセールス・ディベロップメント（Sales Development）と呼んでいます。将来のフィールドセールス人材を育てる機能も果たしているからです。

日頃の業務と並行して、インサイト・セールス・ユニバーシティー（Insight Sales University）という部門内教育制度を設けています。必修科目と選択科目を用意し、必要な単位を取得するには最低でも2年近くかかります。

また定期的に1on1ミーティング（以降、1on1）を設け、独自に設定した6つのセールス人材に求められるコンピテンシー（能力）の発達度合いを確認しています。ユニバーシティーの単位取得状況やコンピテンシーの度合いは、「Salesforce」のデータベースで管理しています。

さらに**インサイドセールスは、お客様と直接対面しない分、実はフィールドセールス以上にコミュニケーション力を問われます。**最初に厳しいところからスタートして結果を出せるようになれば、自信に繋がります。

チーム立ち上げの7つのステップ

顧客がインサイドセールスチームを立ち上げる際、私たちは7つのステップの重要性を説いています（図表5）。

中でも初期段階に当たるチームの結成時には、メンバーの選定とフィールドセールスなど関係部署との目線合わせが重要になってきます。**特に初期メンバーにはエース級のセールスをアサインするなど、周りと対等に渡り合っていける力のある人材を入れることが大切になってきます。**

またKPIの設定にも関わってくるのが、

■図表5　インサイドセールス組織の作り方<7つのステップ>

①	インサイドセールスチームの結成	適性のある人材の採用・組織・体制の構築
②	営業部門との合意	インサイドセールスの役割、目標創出案件数などKPIの設定
③	自部門のKPIの設定	案件創出までのステップ、施策、1人当たりのコール数、担当者の評価指標など
④	キャリアプランの策定	人材の採用、必要スキル、昇進条件など
⑤	他部門との情報共有ツールの選定	マーケティングオートメーション、営業支援システム、分析ツールなど
⑥	見込客データの名寄せ	自社の基幹システム、展示会参加者リスト、営業名刺、掘り起こしのための失注案件など
⑦	担当者、マネージャーの教育・トレーニング	スキルに応じたトレーニングプランの策定

出典：株式会社セールスフォース・ドットコム

どこまでをインサイドセールスの責任範囲とするのか。テレアポまででいいのか、リードがどの状態になったらフィールドセールスに渡すのか、あらかじめ合意しておくことが重要です。

ちなみにセールスフォース・ドットコムでは、「インサイドセールス本部」という1つの部門として独立しています。マーケティング部門に入るでもなく、フィールドセールス部門に入るでもない。完全に対等な関係のため、「案件化」というミッションに集中できています。

また後半のポイントとしては、名寄せですね。リード獲得の際にネックとなるのが、同じリードの情報がそれぞれ別の経路、例えばWebでの問い合わせとセミナー参加などで入ってきて、2つのレコードが存在することです。そうなると、それぞれのインサイドセールスで対応するなど二重のアプローチがかかってしまいます。社内では「重複確認」といって、リード情報を「Salesforce」に入れるタイミングなどをマーケティング部門とで合意を得ながら行なうことで、確実に名寄せを進めています。

そして最後はトレーニング。やはり立ち上げ初期にマネージャークラスの強い人材が入ると、組織が回り始める頃にはトレーニングの方針も整理されてくるもの。将来を見据えて育成施策を考えることがポイントです。先ほど紹介したインサイト・セールス・ユニバーシティーも、スタートアップから超大手企業までそれぞれの企業の特性を踏まえたカリキュラムを準備しています。人材の適性を見極め、多様なキャリアパスは重要だと捉えているからです。

第4次産業革命の到来で、風向きが変わってきている

インサイドセールスの仕組みを新しく設けることは、簡単なことではありません。私たちのお客様でも、順調に進むところとそうでないところが必ず出てきます。**成否のカギを1つ挙げるならば、新しいツールを取り入れることをきっかけに顧客とのコミュニケーション構造を変革できるかどうかにあります。**

例えばフィールドセールスの強い会社の中には、マーケティング部門を軽視しているところもあるでしょう。しかしそうした組織にインサイドセールスを立てつけたとしても、何の機能も果たしてはくれません。今までのやり方は一旦捨てて、マーケティング、セー

ルス部門の最適なあり方を再定義した上でトライする姿勢が求められます。

あとは経営層の理解も重要ですね。インサイドセールスの役割と必要性を正しく認識できるかどうかで、投資の仕方や導入スピードも変わってくるでしょう。

ただ近年は、お客様の姿勢もだいぶ変わってきました。AIやIoTに代表される第4次産業革命の到来にあたり、今までのやり方では限界を感じているのでしょう。「The Model」を提案すると、かつてよりも前向きに検討する動きが見られます。

伊藤 靖（いとう・やすし）

ハードウエアIT企業にてインサイドセールスマネージャー、営業企画、アカウント営業を経て2008年、株式会社セールスフォース・ドットコムに入社。以後10年間インサイドセールスの組織に従事し、大幅な組織成長に寄与。現在は全体統括を行なう。

OPINION 2

株式会社マルケト
マーケティング本部 本部長
小関 貴志 氏

フィールドセールスの影響力が相対的に弱まった

インサイドセールスが注目を浴びる背景にはいろいろな理由が考えられますが、社会構造の変化によって、商材のあり方や購買プロセスも変わってきたことが大きいと思います。

インターネットがまだなかった頃、特にBtoB企業ではフィールドセールスが消費者の購買行動をも左右していました。何か相談を受ければ、資料や提案書を用意してお客様の元に駆け付けるといった具合。

情報を入手することが難しかった分、消費者もフィールドセールスのアドバイスを頼りにしていたのです。それに社内のセキュリティも緩やかでしたから、訪問すれば「○○さん、後でちょっと僕のところにも寄ってください」と、他部署からも気軽に声をかけられたものです。

けれども時代は変わりました。ネットを使えばある程度のことはわかります。それぞれの会社に商材について聞かなくても、比較検討できてしまうのです。さらに、企業の情報管理も厳しくなっています。客先に訪問すれば何となく入手できていた情報も、簡単には得ることができません。これはかつてより、セールス側の影響力が相対的に弱まっていることを表しています。購買行動の約7割が、ブラックボックスになってしまっているのです（図表6）。

■図表6　購買行動のブラックボックス化

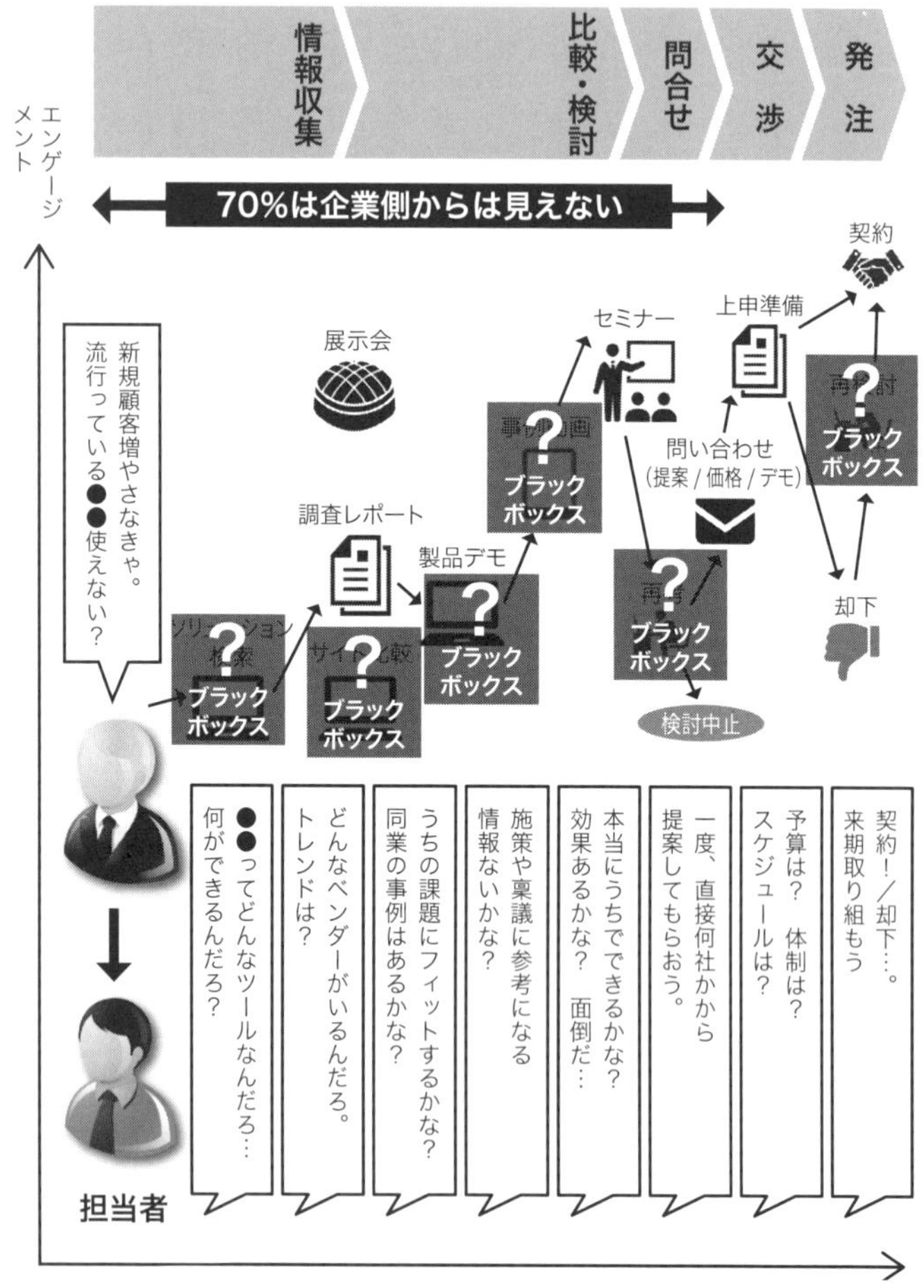

顧客の購買プロセスを充実させる役割

一方で消費者は、購買プロセスそのものの充実を求めています。アメリカの調査では、「購買の意思決定では価格以上に顧客体験がより重要」、「顧客体験において、いかに自分のことを理解しているかが重要」と考える人がそれぞれ6割以上、ないしは7割を占めるほどです。

「顧客体験（カスタマーエクスペリエンス）」は、顧客が製品やサービスと接触し興味を持った段階から、購入して利用し続けるまでの、すべての企業との接点（顧客接点）をいいます。

また、それらに基づき顧客が企業に対して持つ評価のことも指します。

インターネットやSNSの普及により、顧客は昔よりはるかに多く企業との接点を持つようになりました。購入した後でさえも、配送やアフターケアまで厳しく見られる時代になったのです。

要は自分で決めたいのだけど、企業に求める期待も大きい状態となっているといえます。

一説によると、商材に関心を持ったリードのうち、すぐに購入するのは全体の10％程度にすぎず、25％はそもそも商材のターゲットに合わない層、そして残りの65％が将来的に**購入する可能性のある層だといわれています。**

その層に向けて何もしないのではやがてリードの関心は薄れてしまうだろうし、だからといってフィールドセールスが対応するのはいささかやりすぎであり、非効率な上消費者の心証を損なう恐れもあります。

またIT分野を中心に、サブスクリプションモデルの商材が増えてきています。多くの場合は無料の体験期間を経て、有料の本契約に入っていきます。

購入に至るまでの時間が長い上、契約更新も視野に入れて自社の商材と長期的にマッチする顧客を見極めていくことが大切になっていきます。

そこで効力を発揮するのが、マーケティングとインサイドセールスです。リードに対し商材への関心を喚起するマーケティング施策を繰り返し、検討段階に入ったところでインサイドセールスが顧客の事業課題に寄り添いながら、自社商材が貢献できるところを探り出していく。

このプロセスを経てフィールドセールスが提案できれば、良質な関係を築ける顧客に絞って営業活動を行なうことができます。この手法は、一旦商談化したけれども、何かの理由で失注してしまった、リサイクルリードと呼ばれる層にも有効です。

周辺部署に相互作用をもたらす関係づくりを

インサイドセールスをマーケティングとセールスのどちらの部門に置くかは、意見の分かれるところです。

マーケティング部門にインサイドセールスを置くと、施策の連携のしやすさは格段によくなります。

イベントやコンテンツ配信などを通じて商材と相性のいいリードを獲得するには、顧客の声が参考になります。インサイドセールスとの距離が近ければ、狙いとする層にフィッツトする施策を打ち出せますし、インサイドセールス側でイベントを話題に持ち出すなど、施策に合わせたお客様とのコミュニケーションを実現できます。

セールス部門にインサイドセールスを置いた場合は、当然ながら営業戦略に沿ったリードをフィールドセールスに届けやすくなります。

インサイドセールスがフィールドセールスのパートナーとなり、商談に繋がるパスを出しやすくなります。

しかしどちらにしろ、**マーケティングとインサイドセールス、フィールドセールスが一繋ぎとなって、相互作用をもたらす関係にあることが大事だといえます。**

例えばインサイドセールスのミッションがフィールドセールスの生産性を最大化させることにある場合、フィールドセールスが商談対応で手いっぱいな状態のときは、供給するリードの数を抑えるといった配慮も必要となってきます。インサイドセールスは、商談に繋がる良質なリードを適切なタイミングで適量ずつ供給する、調整弁の役も果たすわけです。

ミッションに応じた目標設定を

インサイドセールスが機能する組織となるには、やはり経営層にどれだけ理解があるかということが大きいと感じます。現状に危機感を持ち、大胆な組織再編も厭《いと》わないという姿勢ですね。

例えばインサイドセールスの理解が乏しい組織では、フィールドセールスに育ててきたリードをパスしても、ないがしろにされてしまうといった問題が起こりがちです。そうしたとき、**ベテランのやり手フィールドセールスを、敢えてインサイドセールスに配置させるという大胆な戦術に打って出ることができるかどうか**。

当社のお客様で実践したところ、「信頼しているあの人からのパスなら受けてみよう」と、空気が変わったといいます。こうした本気の姿勢で、セールスの流れを変える覚悟があるかどうかが問われます。

続いてインサイドセールスは何を実現する組織なのか、役割を明確にすること。

先ほど「フィールドセールスの生産性を最大化させること」をインサイドセールスのミッションにした場合の話をしましたが、この例では訪問アポイント数を活動の活発度合いを知る指標として見ることはできても、**アポイント数の最大化を求めることは適切ではありません。**

なぜなら、設定したアポイントの質が低下して受注確度が下がってしまい、結局フィールドセールスの生産性が下がってしまうからです。

この場合なら、アポイント数ではなく商談数をKGIに設定するなど、インサイドセールスが購買体験の一連の流れの中でどういった効果を果たすのかをきちんと定義し、そこにコミットできる目標を設定することがとても重要です。

本来インサイドセールスは、テレホンアポインターとは役割が異なります。顧客理解に長《た》け、気づきを促すヒアリング力を持ち、豊富な商品知識を基に相手に役立つ情報をわかりやすく説明でき、かつマーケティングの知識も備わっている。

しかも、直接顔の見えない相手と対話して信頼関係を構築していくわけですから、あらゆる部門で活躍できるコンピテンシーが培われていきます。

インサイドセールスはやり方次第で、社内のマーケティング・セールス全体を牽引する存在になり得るのです。

小関 貴志（おぜき・たかし）

1971年東京都生まれ。1994年中央大学経済学部卒業、日本電気入社。システム営業に従事。その後デル、セールスフォース・ドットコムでインサイドセールス、セールス、オンラインマーケティング、営業教育部門のマネジメントを歴任。日本企業に力を与えるためにもっとも貢献できるエリアが、マーケティング領域のイノベーションであると確信し、2014年6月より現職。

Inside Sales

Part 2

成約率を高める
インサイドセールスは
いかにして築かれるのか？

第1章

脱・アポ取り集団！　マーケティングと営業を巻き込むインサイドセールスをめざす

ここからは、私がコンサルティングに携わったインサイドセールス事例を紹介したいと思います。今回取り上げるのは、ユーザベースという会社の例です。

ユーザベースは、東京都港区にあるＩＴ企業です。「経済情報で、世界を変える」をミッションに、テクノロジーで国内・海外のあらゆる経済情報を独自に分析し、主に企業向けのプラットフォームを提供しています。また、個人向けソーシャル経済メディアの「ニューズピックス（NewsPicks）」を運営していることでも知られています。

設立は２００８年と、まだまだ伸び盛り。ヴォーカーズ（VORKERS）による「性格のいい会社ランキング」で第１位に輝くなど、互いの個性を尊重したフラットな企業風土が特徴です。社員数は約２５０人（※２０１７年末）で、インターンシップも多く受け入れていて、頑張り次第で誰もが同等に活躍できる土壌があります。

私が今回ユーザベースを事例として取り上げようと思ったのは、この企業風土にあります。Part 1第2章でインサイドセールスを成功させるポイントとして「アジャイル」や「POD」を紹介しました。

ただ、「アジャイル」や「POD」を取り入れても協創と自律性を重んじる組織づくりをしていかないと、なかなか機能せず形だけで終わってしまいます。

この「協創と自律性を重んじる組織」としてユーザベースがぴったりでした。Part 2の第3章ではユーザベースの企業風土についても紹介していきますが、これがインサイドセールスで結果を出すためには欠かせない。実際に「アジャイル」や「POD」を取り入れてユーザベースのインサイドセールスチーム（以降、ISチーム）がどのように変わったのかを紹介しつつ、仕組みだけではなく、その土台となる組織風土も重要だということを伝えるのが、このPart 2の狙いです。

さて、ユーザベースが提供するサービスに、「SPEEDA」という企業・業界情報プラットフォームがあります。上場企業や業界の莫大《ばくだい》なデータから欲しい情報だけを効率よく抽出できるのが特徴で、「7日間かかる業界分析を、たった1時間に短縮」というのがうたい文句。

売上の推移や競合企業、M&Aの情報、有価証券報告書の内容などをすぐに調べることができます。ユーザベース設立当初からの主力商材の1つで、金融機関やコンサルティングファーム、大手企業など1000社以上の企業の導入実績を誇ります。

そして私は2018年の4月から、「SPEEDA」のISチームのケアに当たることになります。

私とISチームとの出会いは、ほんの偶然から始まりました。ある時、現セールス&マーケティングチームジェネラルマネージャーの西川翔陽氏が、私が事業部長として兼務していた事業会社に「SPEEDA」の商談のために訪れたのです。

当時はフィールドセールスを担当していた西川氏ですが、インサイドセールスの本場・アメリカに視察に出向くなど、インサイドセールスに可能性を感じ、強い関心を寄せていました。

そして西川氏がインサイドセールスのマネージャーに就くタイミングで、私に声をかけてくれたのです。コンサルティングをするにあたり、西川氏からのリクエストは大きく2つありました。

①経験の浅いISチーム全体の成長を促す
②インサイドセールスのグローバルモデルを社内に持ち込む

次から紹介するように、ＩＳチームは未熟であるが故に数々の課題を抱えていました。しかし持ち前のしなやかさで、わずか数カ月の間に驚くほどの成長を見せています。今回このPart 2では、２０１８年5月～7月の3カ月間でユーザベースのＩＳチームがどのように成長していったのか、そのプロセスを包み隠さず紹介したいと思います。

インターン生や入社間もない社員が主戦力のチーム

最初に私はＩＳチームがどのように立ち上がり、現在どのような状況なのかを知りたく、リーダーの大竹夏紀氏（当時）に話を聞きました。２０１８年5月頭のことです。

前職の外資系イベント会社でテレセールスを担当していた大竹氏は、２０１６年に入社。ＩＳチームの立ち上げに尽力しました。

「私が入る前から、『SPEEDA』にはインサイドセールス担当がいました。でも、専任はインターン生1人で、体系化されてはいなかったのです。しかし今後のセールス全体の成長を考え、チームを立ち上げることに。私はそのタイミングで入社し、仕組みづくりやツールの導入を進めてきました」（大竹氏）

以来、ISチームを引っ張ってきた大竹氏ですが、話を聞いた5月当時、出産を控えていて間もなくチームを離れることが決まっていました。大竹氏は、この機会がチームの刷新と成長のチャンスと捉え、私に余すところなくISチームの現状と思いを語ってくれました。

当時のISチームの特徴やインサイドセールスの仕組みを、順に見ていきましょう。

〈体制〉

・社員4人（大竹氏を除くと3人）、インターンシップ5人の9人体制
・社員2人は入社半年程度であり、仕事をキャッチアップする段階
・インターンシップは出社日が限られるので、マンパワーは6人換算

大竹氏とインターン生が中心となって回していた立ち上げ時に比べると、人員を確保で

きているといえるでしょう。みんなユーザベースに入社するまでインサイドセールス未経験で、販売や営業経験のないインターン生が主戦力なのも特徴です。

「SPEEDA」のメインターゲットや当時のリードの性質としては、以下が挙げられます。

〈顧客やリードの性質〉

・コンサルティング会社や投資銀行、M&Aアドバイザリーなどの専門職集団（ユーザベースでは「プロフェッショナルファーム」と呼んでいます）や金融機関、商社などが主なターゲット。大手を中心に事業会社との契約数も増えている。今後は事業会社にも領域を広げていきたい

・リードの95%がインバウンド（イベント参加や「SPEEDA」の紹介ページを通じて問い合わせするなど、顧客のほうからアプローチしてきたリードのこと）。残りはユーザーからの紹介や大竹氏とアウトソーサーを使ったアウトバウンド（接点はないが顧客になり得ると見込んだ対象に、企業側から商材を売り込むこと）によるリード獲得

「SPEEDA」はＩＤ単位で契約するサービスで、年間使用料は約５００万円程度となか

なか高価です。しかしながら商材自体にパワーがあり、業界調査や競合分析が欠かせないプロフェッショナルファームをはじめ各方面から注目が集まっている状態。大半のリードがインバウンドです。また大手企業では最初の導入をきっかけに、他の部署に波及するなど横展開が見られるといいます。

また、当時ＩＳチームは以下のツールを使っていました。

〈使用している主なツール〉

・「Salesforce」（「Sales Cloud」など）
・「Marketo」
・「SPEEDA」
・「FORCAS」（ユーザベースが提供する、ＢtoＢに特化したマーケティングツール。成約確度の高い企業を抽出できる機能がある）
・Slack（アメリカ発祥のグループウエア。ＬＩＮＥやフェイスブックのメッセンジャーのように、グループ同士でチャットのようなやり取りができるのが特徴。ＩＴ業界を中心に、急速に広まるコミュニケーションツール）

など。

大竹氏が入社した時には、既に「Salesforce」の導入が完了していました。ダッシュボード管理は、大竹氏が担当していたといいます。翌年の2017年には「Marketo」も導入しています。

自社商材も活用しています。「SPEEDA」や「FORCAS」でリードの情報や業界動向、同業他社の状況などを調べ、リードに営業をかける際のセールスピッチ（セールストーク）に生かします。ＩＳチーム自身が、「SPEEDA」のコアユーザーなのです。

Slackは社内全体で導入されているコミュニケーションツールであり、主にマーケティングチームやセールスディベロップメントチーム（フィールドセールスを担当するチーム）を含むメンバー間のやり取りに用いられます。ＩＳチームがアプローチすべきリードが発生した際、「Marketo」からリード情報が送られてくる仕組みになっています。

また、リードへの対応として、ＩＳチームでは以下のルールを設けていました。

〈リードへの対応〉

・担当は早い者勝ち。一定のスコアに達したリードが発生した時点で、最初に手を挙げた人がリストに記名する。

・成約確度の高いホットリードには、15分以内に電話でアプローチするのが基本。
・ただし規模の小さい企業の場合は、プロフェッショナルファームを除きメールで対応。
・ISチームのリードタイムはおよそ1週間。無料トライアルの利用やデモンストレーションの機会を促し、初回訪問のアポイントメントを設定できたところで、フィールドセールスチームに引き継ぐ。商談化からクロージングは、フィールドセールスが行なう。
・得られたリード情報は「Salesforce」に入力。項目分けは大まかで、ほとんどの情報をメモベースで入力している。

リードとのコミュニケーションの取り方やセールスピッチには、一応マニュアルのようなものはあるそうですが、それらにはあまり縛られず、個人の裁量に任せているとのこと。リードの企業規模や問い合わせのあった部門の事業内容や「SPEEDA」で解決したい課題などをヒアリングできたところで、フィールドセールスに渡しています。

「アポ取り」で終わらないチームになりたい

続いて大竹氏は、ＩＳチームが抱える課題についても説明してくれました。

〈課題１：ＫＰＩの未達〉
・主要ＫＰＩである「初回訪問のアポイント数」が、ここ数カ月低迷している。ピーク時は月間２３０件程度設定できたが、２００件を下回る月が出てきている。

月により獲得アポイント数が大きく変動し、フィールドセールスにパスできるリードの数が安定していないのだといいます。メンバーの入院やインターン生の卒業など、人の出入りも影響しているようです。

〈課題２：インサイドセールスとしての機能〉
・今やっていることが、インサイドセールスになっていない気がする。ＩＳチームの段階で、商談の温度が高まっていない。この点は結局フィールドセールス任せになっている。

・特にアポイント数に縛られて、質の部分が伴っていないと感じる。
・初回訪問での案件ロスト率が非常に高い。

〈課題3：標準化〉
・業務が属人化していて、共有の仕組みが機能していない。
・個々のナレッジは徐々に蓄積している。例えば業界別の特性など、やり取りを通じて見えてきたものがあるはず。
・台本（トークスクリプト）やトーク中のハンドリングマニュアルなどが整備されていない。

訪問アポイント数をKPIに設定していることもあり、リードとの関係構築が中途半端なままでフィールドセールスに渡してしまうことも。結果、訪問時に相手の事業課題と「SPEEDA」の特性がマッチしていないことが判明することも少なくないそうです。

しかし架電を重ねるうちに、業界特有の課題や企業規模に応じた課題の共通点などが見えてくるはずです。

そうしたナレッジをシェアできる仕組みがあれば、もっと成果を上げられるのではと大竹氏は考えているようでした。

〈課題4：メンバーの改善意識〉

・メンバーの経験が浅く、既存の枠組みを超えるところまで意識が及んでいない。

〈課題5：ツールの活用〉

・将来的には「Salesforce」や「Marketo」、さらには「SPEEDA」や「FORCAS」を連携させた、オリジナルのインサイドセールスモデルを完成させたい。

大竹氏とのヒアリングに同席していた西川氏は、今後のインサイドセールスに期待する役割を次のように語っていました。

「『SPEEDA』は、これまでプロダクト力で売れてきた側面があります。しかし今後の成長を考えると、営業活動やマーケティングで得たお客様に関する気づきをプロダクトやサービスに反映させていくことが必要ではないかと。インサイドセールスを含めた営業は『売ること』から、『お客様の成功にコミットすること』にマインドセットを変化させることが大切だと考えています。

フィールドセールスは、カスタマーサクセスへのバトンパスを意識した営業活動になるでしょう。そしてフィールドセールスの前段階に当たるインサイドセールスは、お客様の成功を考えながらヒアリングとナーチャリングを重ね、リードごとのセールス戦略をフィールドセールスに提言できるくらいの実力が欲しい。これまでのインサイドセールスの役割にとらわれず、もっと果敢に挑んでほしいですね」（西川氏）

西川氏の理想に近づくには、課題4と課題5の改善も必須。時間はかかりそうですが、常に意識しておくことが大切です。

大竹氏や西川氏の話から見えてきたことは、メンバー1人ひとりが自立し、量だけでなく質も追求するISチームへと進化させたいという思いでした。

若いチームであるが故、経験もスキルもまだまだ未熟な点は否めません。それだけに個々の伸びしろは大きく、やり方がかみ合えば爆発的な成長が期待できます。

ここまでの話を踏まえ、私たちはこれから3カ月間の目標を決めました。

①ISチーム全体のスキルを高める

②メンバーのキャリアアップを意識した行動を促す
③マーケティングチームやセールスディベロップメントチームを巻き込んだインサイドセールスの手法を編み出す
④ISチームによって訪問アポイントを設定したリードからの成約率を、20％から30％に引き上げる

さて、この3カ月の間にISチームはどのような軌跡をたどったのか。それは次の章で紹介していきます。

大竹　夏紀（おおたけ・なつき）
2012〜2016年まで外資系イベント会社にてクロスボーダーのテレセールスを経験後、2016年にユーザベースへ入社。インサイドセールス部門の立ち上げを行ない、インサイドセールスリーダーを担う。

第1章まとめ

ユーザベースのISチームが正式に立ち上がったのは、2016年1月のこと。そして、私がISチームのコンサルティングに入ったのは、2018年5月〜7月の3カ月間でした。

立ち上げ当初は、社員1人とインターン生2人のたった3人でスタートしたISチームですが、2018年5月頭の時点では、社員4人、インターンシップ5人の9人体制にまで拡大していました。

立ち上げから約2年半、着実に成長を遂げてきたISチームでしたが、多くの企業のインサイドセールスが成長とともに直面する壁が立ちはだかっていました。それは、「アポ取り部隊からの脱却」であり、「量から質への転換」です。

これまで、「SPEEDA」はコンサルティング会社や投資銀行、M&Aアドバイザリーなどのプロフェッショナルファームや金融機関、商社などがコアターゲットでした。ただ、これらの企業はもう既に「SPEEDA」のユーザーであり、今後大幅な契約数の増加は見込めません。

そこで、今後はまだまだ契約数の増加が見込める事業会社に領域を拡大しようとしているわけです。ここでインサイドセールスの役割が重要になります。

プロフェッショナルファームや金融機関などは、経済情報の獲得・分析が業務上必須であり、そのためのツールが必要だという「気づき」がお客様自身にありました。そこに「SPEEDA」のプロダクト力が合わさり、契約数を伸ばしてきました。

ただ一方で、事業会社の場合はまず、経済情報の獲得・分析が必要であるという「気づき」を与えることから始めなければなりません。だからこそ、営業はただ「売る」だけではなく、「お客様の成功のために『SPEEDA』に何ができるか」を考えなければなりません。

そのために、インサイドセールスがお客様の成功を考えながらヒアリングとナーチャリングを重ね、リードごとのセールス戦略をフィールドセールスに提言できるようになる必要がある。

そこで、これまではアポイント数をKPIの中心として追ってきたISチームは、これから3カ月間の目標として新たに「ISチームによって訪問アポイントを設定したリードからの成約率を、20%から30%に引き上げる」ことを目標に掲げました。

成約率を意識したISチームは、この3カ月間でどのような変革を遂げていくのでしょうか。

Interview 1

ISチームはどのようにして立ち上がったのか

「SPEEDA」でISチームが立ち上がったのは、2016年のこと。どのようなきっかけでインサイドセールスの導入に踏み切ったのでしょうか。大竹氏と共にISチームの創設と仕組みづくりに尽力した、前・「SPEEDA」のマーケティング&インサイドセールスチームマネージャーの相羽輝氏に、立ち上げ当時の話を聞きました。

株式会社ニューズピックス 事業開発
相羽 輝 氏

営業がオフィスにいられなくなるくらい商談を増やす!

大学卒業後、リクルートに就職し、営業やマーケティングを担当しました。2015年の11月に過去にインターンをしていたことがご縁で、当時のユーザベースの上司に誘っていただき、中途として戻ってきました。

当初は、インターン時代の上司と、ニューズピックスの事業開発を行なう予定でしたが、同じグループの「SPEEDA」のマーケティングの改善が急務ということで、「NewsPicks」と「SPEEDA」のマーケティングを1名で担当していた社員とチームをつくることになりました。

当時の「SPEEDA」の営業には、インサイドセールス担当のインターン生が1人いました。でも常勤ではなく基本はフィールドセールスが自分でアポイントを取得し、商談に行くのがほとんどでした。

入社前から、前任のマーケターがリスティング広告の見直しから着手し、リード数を大きく増やすことに成功していました。しかし、リード数は増えても、営業・インサイドセールスサイドのフォローが手薄でした。半分くらい架電されず、有望な見込み顧客でも1回電話して再度架電はしないというもったいない状況だったんですね。

また、フィールドセールスにより、1週間の訪問数に開きがあり、全体で見ると営業の稼働率が高くありませんでした。

プロダクトの認知から受注までの一連の流れで、リードをどう商談に繋げるかがボトルネックであることが明白でした。「営業がオフィスにいられないくらい商談数を増やせたら、『SPEEDA』はものすごく成長させられるよね」という確信があり、目標を決め、体制づくりに動きだしました。

人員の確保が急務だったため、2015年11月からインターン生の採用を始め、チームとしてインサイドセールスが動きだしたのは2016年のインターン生2人が入社した1月から。インターン生のうち1人はその1年後社員となりました。

初期はインサイドセールス職は、インターン生やアルバイトで十分という声が根強くありました。しかし、**理想的にはBtoCビジネスのように、お客様が営業を介在せず、購入してくれる「セルフサービス(Self Service)」が究極です。**

それをトレンドだと捉えれば、営業が訪問

に行かず、オンラインで完結するインサイドセールスに移行していくのは必然だと思いました。究極形をめざすのであれば、やはり専任チームをつくり強力に立ち上げていくことが必要だという議論になり、大竹の採用に至りました。

実際に始めてみて、専任がいるからこそ、PDCAを高速で回せるし、Webで問い合わせを受けてからたった15分以内に架電する仕組みをつくることができました。問い合わせて10秒後に電話がくれば、話してみようかという気になりますしね。

経営・マーケティング・インサイドセールスの連携が重要

当たり前ですが、マーケティングがいくらリードを増やしても商談に繋がらなければ意味がありませんし、インサイドセールスがいかに営業トークを磨いてシステム化してもリード数が少なければ、高い成果を上げることはできません。両者のバランスを取ることがとても重要です。

目標値は2015年度の月30商談から、2016年度中に、月200商談に引き上げること。目標値から逆算し、どこに伸びしろがあるのか細かく分解しコミットしていきました。

そのために、代理店の変更、クリエイティブ刷新の体制づくり、「NewsPicks」でのブランド広告、大型セミナーの実施、A/Bテスト（Webマーケティングの代表的なテスト。内容は同じでもデザインの違う2種類のページを用意し、サイトを訪れた人によって表示するページを変えてどちらのページのほうが期待する効果が得られるかを確かめる）ツール導入、ヒートマップ（色を用いて、ユーザーがWebサイトをどう見ているかを可視化する手法）ツール導入、「Salesforce」でのデータの見える化、採用、オンライン商談ツール導入など、あらゆる打ち手を、伸びしろ順に実行しました。

そうして、9月には月200商談をフィールドセールスに供給する体制をつくることができました。まずは、量を追求する体制の確立に成功したのです。

これだけ早くPDCAを回せ、目標としていた体制と数字を成せたのは、当時、担当執行役員だった佐久間の意思決定の速さと動ける環境をつくってくれたからだと思います。セールスフォース・ドットコム社の提唱するベスト・プラクティス「The Model」を「SPEEDA」に取り入れると決めたところから、各種ツールの導入や人の採用など、どんどんリスクを取り、挑戦させてくれたことがPDCAを高速で回せた大きな要因です。

採用では仕組みやツール以上に価値観の一致が大事

私がマネージャーを務める間、インターン生、社員合わせて10人以上採用しました。約3年間ずっと採用活動をしていたため、お会いした方は学生含め300人を超えると思います。**ぜひ一緒に働きたいと思うときのポイントは3つあります。**

1つめは仕事を面白いと思える人です。仕事のモチベーションが昇進や年収というのも重要ですが、それよりも、仕事を純粋に楽しいと思えたり、未来への熱意を感じられたりする人です。結局、いちばん仕事を楽しんでいる人が、いちばん活躍し、いちばん成長すると思っています。前職でも今でも、そういう人がいちばん活躍しているケースが多いのではないかと思います。インサイドセールスでいえば、将来的にフィールドセールスのステップアップとしてまずやっていきたいというのではダメで、インサイドセールスとして新しい形の営業を追求したい、そういう思いを持てる人のほうが圧倒的に活躍します。

そして**2つ目は、ポジティブかつ自責なマインドです。**気持ちは前向きなんだけど、うまくいかないときに自分を省みることができるような人。ネガティブかつ他責は当然ダメだとして、ポジティブかつ他責もフィードバックサイクルが回りにくいため成長しづらい、そしてネガティブかつ自責でもメンタルを壊しかねない。ただ、この素養を見抜くのはかなり難易度が高いです。本質的にこの人は、ポジティブかつ自責に考え、行動できる人なのか、あらゆる角度から、何人も面接官を当ててコミュニケーションしていきます。

3つ目は、ユーザベースのバリューにも共通しますが、オープンコミュニケーションができるかどうかです。ベストプラクティスを追求していけば、必ず壁に直面します。そういった壁があるときに、声を上げられる、思っていることを伝え対話しようとするというのは非常に重要です。オープンに対話し続けなければ、お互いの考えはどんどんずれていって、やがて確執になりがちです。

チームが機能するかどうかは、共通の価値観の持ち主が集まっているかが重要です。仕組みやツールやスキルはその次ですね。

私自身は、インサイドセールスが営業の一つの究極系だと信じています。インサイドセールスがフィールドセールスになるためのステップみたいな見方が転職市場でされがちですが、世界のトレンドを見れば大きな可能性を持っています。日本では分業しない営業が主流ですが、世界的に見れば分業し、フィールドセールスが減り、インサイドセールスが加速度的に増えています。事実、弊社でも、オンラインだけで受注できるケースもどんどん増えてきています。

インサイドセールスでも、フィールドセールス以上の給与を得られるような事例をつくり、世の中の見方を変えていきたい。新しい営業の形を切り開き、パイオニアになりたいという方と一緒に働きたいですね。

相羽 輝（あいば・あきら）

元・マーケティング&インサイドセールスチーム マネージャー

大学卒業後、リクルートマーケティングパートナーズに入社しマーケティング・法人営業に従事。その後、ユーザベースへ転職。入社後から一貫して、「SPEEDA」事業のマーケティング&インサイドセールス機能の立ち上げから拡大に従事。オンライン・オフライン施策による認知から商談獲得までのフェーズを統括。現在は、グループ会社の株式会社ニューズピックスで事業開発を務める。

第2章

予想を超える急成長。ISチームの意識が変わった！

「SPEEDA」のISチームの変革は、PODの導入から始まりました。PODについてはPart 1第2章で詳しく解説していますが、次のような特徴を持ちます。

①アジャイルアプローチを実践する
②多分野の人材が集まる
③少人数組織

ISチーム内での運用なので、②の条件は外れることになります。しかし、今までよりも小さなグループで仮説と検証を繰り返していくことになります。1人ひとりの自発性が今まで以上に求められるのは確かです。

今回は、2つのPODに分けることにしました。ホットなリードとコンタクトを取るのは今までと変わりませんが、それぞれのPODで主に対応する層を区別します。

POD－Aは、金融機関を含めたプロフェッショナルファーム及び、社内で定められた国内大手のターゲット企業を中心にケアします。担当するのは2人の社員。どちらも前職は金融機関に勤めていました。

POD－Bは、POD－Aが対応する層以外をすべてフォローします。いろんな事業会社が対象となるため、柔軟な対応力がカギとなります。POD－Bのメンバーは、社員1人とインターン生4人の計5人です。

またそれぞれのPODの中で、リーダーを立てます。1人ひとりに自立が求められるとはいえ、メンバーをケアしながらPODがめざす姿をリードする存在が不可欠だからです。

POD－Aのリーダーになったのは、入社2年目の内山翔子氏。内山氏は大竹氏に代わり、ISチームのまとめ役も兼任します。そしてPOD－Bのリーダーはインターン生の勝山航陽氏。オープンな社風とはいえ、意外な人選に私も驚きました。

そのKPIは適切か

ＰＯＤの運用はすぐに決まったものの、他は白紙のままでした。今のＩＳチームには、どのような処方箋が必要なのか。それを探るべく、私は内山氏と１on１を行ないました。内山氏と対話を重ねるうちに見えてきたＩＳチームの問題点を整理していきたいと思います。

最初に確認したのは、ＫＰＩやＫＡＩについてです。

「インサイドセールスが全体の流れを意識して、『SPEEDA』をぜひ使ってほしいお客様かどうかを見極めたり関心を高めたりする役割だというのは理解しているのですが、やっぱりＫＰＩにしている『初回訪問アポイントの設定数』を気にしてしまいます。聞き込みが不十分なまま『まあいいか』とフィールドセールスに渡してしまう案件があるのも確かです。訪問後に『何でこのアポイントを設定したの？』と言われると、耳が痛いです」（内山氏）

当時のＩＳチームは、半年前と比べて架電数の減少が課題となっていました。そのためまずは質より量の改善と、アポイントを取ることに注力してきたという側面があります。

とはいえ初回訪問の時点で失注してしまう「初回ロスト」の割合が高いことも、課題となっていました。初回ロストが多いということは、訪問前の段階でリードの見極めができていないということ。多い人では初回ロスト率が3割以上に上っていたことからも、ＩＳチームがアポイント獲得にだけとらわれてしまったことがわかります。

この状況を打開するには、やはりＫＰＩの見直しが必要です（ＫＰＩ、ＫＧＩ、ＫＡＩの定義を知りたい人は、Part 1第1章の「ＫＰＩマネジメントの落とし穴」で紹介しておりますので、そちらを参照してください）。

また近年は、グーグルやフェイスブックなどが採用していることから話題となった、ＯＫＲを採用する企業も増えています。「SPEEDA」のＩＳチームでは、ＫＧＩやＫＰＩ、ＯＫＲを併用しているようです。

ＯＫＲ（Objective and Key Result：目標と主要な成果）とは目標（Objective）に対し、その達成に必要な要素を成果指標（Key Result）に分解した目標管理手法。例えば、目標として「売上○○億円」と立てた場合、それを「製品のユーザーを○○人に増やす」、「顧客満足度を○○％に高める」、「1人当たりの課金額を○○円にする」と複数の成果指標に分解する。

ここで注目したいのは、ＫＰＩにしろ、ＯＫＲの Key Result にしろ、「組織のありたい姿」がまず前提にあり、その上で設けられている指標であるということです。

インサイドセールスに話を戻すと、セールス全体のあるべき姿から逆算してＫＰＩを設ける必要があります。例えば「SPEEDA」のような**サブスクリプションモデルの商材であれば、セールス全体のゴールは「商材とマッチし、末長く愛用してくれる顧客を１人でも多く獲得すること」にあり、その状況を測る指標として「年間契約数」や「○年後の継続率」などをＫＧＩにすることが考えられます。**中でもインサイドセールスが担うべきは「商材とマッチするリード＝成約に繋がるリードとの訪問アポイントを多く設定すること」であり、やみくもにアポイントを設定することではありません。

それには、アポイントの「量」ではなく「質」を追えるＫＰＩを設定すること。例えば**「設定した訪問アポイントのうち、成約に繋がったアポイントの割合」などをＫＰＩに置けば、リードを見極めることにも意識が向くようになるはずです。**

ＫＰＩは行動の観点を変える要素を持ち合わせています。単なる目標指標ではないことに配慮する必要があるでしょう。

型にはまったセールスピッチでは意味がない

アポイントを取ることに力点を置くと、セールスピッチも表面的になる傾向があります。特に「SPEEDA」のＩＳチームの場合、社会人経験のないインターン生もセールスに当たっていることもあり、どうしても一方的なヒアリングになりがちです。この点については内山氏も、またセールス・マーケティング全体をまとめる西川氏も懸念を感じていました。

「お客様にお電話する前に企業情報や競合情報などをリサーチしますが、インターン生も含めて事前準備はしっかり行なえていると思います。またお客様の状況をヒアリングすることもできていると思うのですが……、そこからの深掘りがなかなか難しいですね。課題によって生じている問題やボトルネックとなっている部分を探るとか、解決に向けた部分の対話ですよね。浅いレベルで商材提案している結果、訪問後の失注にも影響しているように思います。フィールドセールスからは『SPEEDA』が業務改善ツールという存在以上に、企業の将来に向けて必須のアイテムだという認識を持ってもらわないとね、といったフィードバックを受けていて、みんなで納得していたところです」（内山氏）

「売上全体を見ると、セールスのリードタイムをより短くし、受注率を向上できるのではないかと見ています。インサイドセールスがより早い段階でお客様が抱える課題の核心に迫る必要があります。ISメンバーは一応お客様のことを調べてセールスに臨んではいるのですが、クリティカルな仮説を持つということに意識が向いているかというと、まだまだ。フィールドセールスやマーケティングチームとの連携を密にすることと、『SPEEDA』は企業の戦略づくりに効果を発揮するサービスですから、ISメンバーが『SPEEDA』をフル活用して顧客課題に一家言持てるレベルになってほしいです」（西川氏）

インサイドセールスがテレホンアポインターと違うのは、「良好な関係を築ける顧客の発掘」にあります。アポイントを取れればOK、というわけではないのです。

相手の言葉を引き出す傾聴のスキルが必要ですし、ロジカルであり、かつ共感を得られる提案も求められます。相手に合わせて柔軟に対応できるだけの専門的な知識とコミュニケーション力が、インサイドセールスの成果を左右すると言っても過言ではありません。

表面的な会話からさらに一歩踏み込むには、まずは商材に対する深い理解が必須です。

しかしながらISチームのような小さな組織では、自前で商材研究をするにはパワーが足りません。

そうした場合は、他のチームを巻き込むのがお勧めです。フィールドセールスやマーケティング、エンジニアチームと共同で、お客様に紹介する内容を共有するのです。チーム間で説明のレベルがそろうのでセールスの質が均一化しますし、インサイドセールスで得たリードの声を周りのチームと共有できる機会にもなります。

次に**自身の会話を録音してセールスピッチの内容を振り返ること。**展開の仕方や説明のわかりやすさ、相手に合わせた対応ができているかを見るだけでなく、声の調子や話すスピードなども確認できます。電話の内容を「Salesforce」などのＳＦＡや報告書などのフォーマットに記録し、その内容を丁寧に見返すのも有効な方法といえるでしょう。

また**日頃の活動をメンバー同士でフィードバックし合うのも有効な方法。**移動がないインサイドセールスならではの特長を生かし、互いに高め合う仕組みをつくることで、チーム全体の底上げに繋がります。

セールスピッチの質を高める目的で、トークスクリプトやセールスピッチ集を用意しているところも多いと思います。実はＩＳチームにも、トークスクリプト集がありました。しかしセールス経験や商材知識の浅い人には、使いこなすのは難しいものです。

「最初の頃は、トークスクリプトにある質問をすることしかできませんでした。でも対話なので、まったく想定していなかったことを聞かれることもあります。そうなると、どうしようって。そこの不安がいちばん強かったですね。スクリプトにある質問も、相手によって軽重をつけられることがだんだんわかってきました。それがわかるまではすべての質問を聞いていて、通話時間もすごく長かったです」（勝山氏）

この証言は、セールスピッチ集を読むだけではトークスキルは向上しないことを物語っています。特にオープニングトークや宿題の提示は、インサイドセールス初心者が苦手とする壁です。「宿題の提示」というのは、商材に関係する人やチームの洗い出し、決裁者の意向など、次回までにリード側がしておくべき事柄を示すことです。

トレーニング機会の提供や事例の充実など、セールスピッチを使うシーンを具体的にイメージできるまで定着を図る工夫が必要でしょう。

ちなみに**優秀なセールスは、相手にポジティブなＲＯＩ（Return On Investment：投資対効果）を描かせることができます。**商材に魅力を感じてもらうと同時に、導入したらどのように活用し、どのようなメリットを享受できるかを自身でイメージしてもらうのです。

事例を紹介するのもセールスの常套《じょうとう》手段ではありますが、あくまでもＲＯＩを描いてもらうための材料にすぎません。**商材の良さをとうとうと語るだけでなく、リスクも含めて相手に考える余地を与えるセールスであること、それがワンランク上のインサイドセールスなのです。**

インサイドセールス導入は営業の形を変えるということ

インサイドセールス導入時に、必ずといっていいほど超えるべき課題があります。それは、フィールドセールスの意識改革です。これまでたくさんの企業でインサイドセールス導入を行ってきましたが、よくありがちなのがインサイドセールスの形だけ入れて満足するというケースです。

特にフィールドセールスの勢力が強い組織では、インサイドセールスを「これまで自分たちがやっていたアポ取りをこなす役目」と見なしたり、「クロージングはフィールドセールスがやって当たり前」と考えたりしがちです。

しかし、本当のところは違います。インサイドセールスがマーケティングとの間に入ることで、リードと商材の相性を見極める、成約確度の高いリードだけをフィールドセールスに送るなど、セールス活動の精度をより高める機能を持っています。

「SPEEDA」のＩＳチームでも、次のような事例がありました。

ある時マーケティングチームがニューズピックスの会員、1万数千人に対しホワイトペーパー（White Paper：商材の特徴や市場レポートを記載したＰＤＦなどのドキュメント。Ｗｅｂ上にアップされており、ダウンロードする際にメールアドレスや電話番号、所属先などのリード情報を入力させるのが一般的）のダウンロードサービスを提供したところ、１０００回以上のダウンロードがあったそうです。

これが何を意味するかといえば、ホワイトペーパー経由でたくさんのリードがセールスに流れてくるということ。ホワイトペーパーの内容を意識した細やかなセールス戦略となると、フィールドセールスはそこまで手が回りません。商談も抱えているため、どうしても成約確度の高いリードのケアを優先しがちだからです。マーケティングがまいた種を成約という形で開花させるには、インサイドセールスの有無が大きく影響します。

つまり**インサイドセールスを導入するということは、マーケティングからクロージング、さらにその先のカスタマーサクセスまでをトータルでデザインするというように、セールスの仕組みを変えるということなのです。**そのことを、フィールドセールスやマーケティングがいかに理解できているかが、インサイドセールスの成否に大きく影響してきます。

そして顧客の入り口からの流れ全体を意識するということは、チーム間の連携が重要になってきます。ISチームの場合はというと、形はできていても中身に課題があるようです。

「マーケティングとはチームが同じなので、チームミーティングでそれぞれの状況を報告し合っています。またフィールドセールスとも毎週打ち合わせを設定しています。ただ、どちらの会も、結果を報告するだけで終わってしまっているところがあります。プロセスの共有や相談、議論といった双方向のコミュニケーションというと、もう少しですね」（内山氏）

それはもったいない！　マーケティングやインサイドセールスがつくったリードの質に、フィールドセールスが不満を抱えるケースは、「SPEEDA」のISチームに限らずインサイドセールスの立ち上げ初期にはよくあることです。望ましいリードをパスできていないということは、インサイドセールスのリードの見極めやマーケティングのターゲット設定に、フィールドセールスの思惑とギャップがあるということです。

それを解消するには、対話が欠かせません。インサイドセールスは、マーケティングとフィールドセールスの架け橋でもあります。それぞれの施策が連動して機能するように調整するのも、重要な役目だといえます。

ところで、先ほどインサイドセールスを取り入れるということは、セールスの仕組みを変えることだと述べました。特にここ数年のソリューションセールスの世界は、売り切り型モデルからサブスクリプションモデルに変わってきています。かつては商品が売れることがゴールでしたが、これからの時代は売ることからお客様との関係がスタートするという、まったく真逆の発想です。

　この転換は、売る行為そのもののあり方を見直す機会であるともいえます。それは、商材の特徴を伝えるモノ重視の売り方が旧来型だったとしたら、**これからのセールスは、その商材を手にすることで日常がどのように変わっていくのかという「ストーリー」を伝えることに**主軸を置くなど、同じ商材でも課題の捉え方や届ける価値を再定義するということと繋がります。もちろん「訪問営業でクロージングする」という旧来の行動様式も、再定義の対象といえるでしょう。

内山 翔子（うちやま・しょうこ）

　2013年、新卒入社の国内証券会社投資相談課でリテール営業を担当。法人・富裕層を中心とした個人に対し、資産運用コンサルティングをはじめ相続対策等に従事する。2017年より、株式会社ユーザベースに入社。SPEEDA・entrepedia 事業のインサイドセールスを担当。現在はインサイドセールスチームのリーダーとして、プレイヤー兼社員育成・インターン採用・育成まわり等組織形成を担当している。

Interview 2

オンラインマーケティングは何をしているのか

インサイドセールスと切っても切り離せない関係にあるのが、マーケティング。リード獲得に向け、ロジカル思考でいろんな施策を繰り出す印象がありますが、実際にはどのようなことをしているのでしょう。ここでは「SPEEDA」のオンラインマーケティング戦略を、担当の伊佐敷一裕氏に聞きました。

マーケティング&インサイドセールスチーム
伊佐敷 一裕 氏

Web広告の展開とランディングページの改善を課題に

ユーザベースには2017年12月に入社しました。大学の先輩が「SPEEDA」のフィールドセールスにいて、相羽と3人で一緒に飲んだときに「うちにおいでよ」って。ユーザベースのことはニューズピックスで知っていたし、事業やカルチャーに魅力を感じていたのですぐに入社を決めました。

前の仕事は、いろんな企業のサイトの改善やSEO（Search Engine Optimization：検索エンジン最適化）対策などのコンサルティングをしていました。その時の経験を生かし、今はオンラインマーケティング全般を担当しています。マーケティングには一応3人のメンバーがいますが、1人は西川でマネジメントですし、もう1人はセミナー企画などオフラインマーケティングの担当なので、オンラインのことはほとんど1人でこなしています。大きな組織だと、広告担当と広告運用担当、Webデザイン担当、メルマガ担当と分かれていると思いますが、丸ごとやっている感じです。

マーケティングチームの役割は新規リードの獲得。リードの獲得経路は、今のところWeb広告が半数近くを占めています。それから「SPEEDA」と、ワード検索で入ってくる場合も多いですね。どちらもランディングページを訪れてもらい、問い合わせやトライアル申し込みに繋げるのが大事になってきます。そのためランディングページに誘導する**Web広告の戦略立案や、ランディングページの改善・メンテナンスに力を入れて取り組んでいます。**

成長フェーズも考慮して積極的に投資する

広告については、パートナー企業と協力しながら進めています。グーグルやヤフーなどの検索サイトで「SPEEDA」を活用する業務に関連するワードを検索したときに検索結果ページの上部に載せるもの、あと、いろんなサイトの広告スペースに表示させるものやフェイスブックなどSNS広告ですね。どのようなネットユーザーに、どの媒体にどのくらいの頻度で広告を掲載すれば、リードの獲得効率が上がるかを考えてジャッジしています。

そしてランディングページは、キャッチフレーズやコピー、ボタンの位置など、デザインを大きく変えない範囲の調整で、どうすればコンバージョン（目標達成率）、つまり資料請求やトライアルに繋がるかを常に検証しています。キャッチを少し変えるだけで、反応に大きな差が出てきます。

反応はA／Bテストツールやヒートマップツールを活用し、サイトを訪れた人がどの部分を多くクリックしているかをサーモグラフィーのように可視化するものを使うなどして分析しています。あと、Googleアナリティクス（グーグルが提供するWeb解析サービス）も見ています。

KPIはランディングページからのコンバージョン数（問い合わせやトライアルの申し込みの数）と、MQLの数が主なものです。 マーケティングから送るリードのうち、ISチームがアプローチをしたものがMQLとして認められます。コンバージョンの段階では学生や明らかに受注確度が低い企業も含まれるので、そうしたものはISチームのほうで優先順位を下げています。**あと、CPA（Cost Per Acquisition）といって、1コンバージョン獲得にかかった広告費もKPIに入れています。** 広告効率を見るには重要な指標です。

マーケティングは投資に当たるので、予算配分はチームで入念に協議します。過去のデータも参考にしますが、それがベストというわけでもない。ですから新しいことにもチャレンジします。オフラインイベントの充実やニューズピックスへの広告出稿も新しい試みです。ニューズピックスへの出稿も同じグループとはいえお金がかかりますから、投資するに値するか今の「SPEEDA」のISチーム全体の成長フェーズなども鑑みながら判断しています。

とはいえ考えすぎて守りに入るのは禁物で、粗削りでもいいから試してみる、数を打つことが大事だと、前任の相羽から教えてもらいました。

先日、ランディングページの小さな改善を繰り返した結果、コンバージョン率が上がりました。数値自体は小さいですが、獲得リード数が1・2倍になったのです。決して無視できない変化なわけで、今はさらに1・2倍になるような施策を当てたいと考えています。そうすれば、リードの数が最初の1・4倍になりますよね。

マーケティングってこういう小さな積み重ねが大切で、成功でも失敗でも試せば結果が出るので、それがまた新たな施策に繋がってくるんです。入社してからいちばん学んだ部分です。

インサイドセールスはもっと影響力があってもいい

ISチームとの連携はこれからな部分がありますが、半年前に比べると意思疎通がスムーズになってきた気がします。当時は、「マーケティングのやっていることが、難しくてよくわからない」という声もあったんです。それで用語も含めてマーケティング施策も背景から説明して、その上で数字を紹介するようにしました。最近は自分も会社に慣れてきたこともあって、ISチームとの雑談の中からヒントを得ることも増えてきましたね。

この前も、ホワイトペーパーの施策を打ちましたが、ISチームは扱いに慣れていなかったんです。ホワイトペーパーのリードは商材に対する関心度もまちまちなところがあり、少し工夫が必要なので、セールスピッチをどうするか一緒に考えました。

私自身はこれから、ISチームのことをもっと頼りにしていきたいと思っています。リードの性質でいえばマーケティングの段階ではぼんやりとしすぎているし、片やフィールドセールスはある程度見込みのある顧客の情報に限られてくる。ちょうど中間のインサイドセールスは、いいリードもダメなリードも両方の情報を豊富に抱えています。ですからISチームはもっと発信して、他のチームに影響力を与える存在になっていい。

つい最近、「Salesforce」の改善に着手し始めました。これをきっかけに、マーケティングとISチーム、フィールドセールスの連携がより一層強くなることを期待しています。

伊佐敷 一裕（いさしき・かずひろ）

マーケティングチームリーダー

東京大学卒。Web系のベンチャー企業にてコンサルタントとして30社以上のSEO設計やWebアクセス解析、Web運用改善を手掛けた後、2017年12月にユーザベースに入社。現在は「SPEEDA」事業にて、オンライン広告やLP改善、MA活用などオンライン領域を中心としたBtoBマーケティングを担う。

PODが組織に機動性をもたらした

さて、内山氏との1on1から数週間後の5月下旬、ISチームには大きな変化が訪れていました。**5月に獲得した初回訪問アポイント数が、先月と比べて35％ほど増加していたのです。**ゴールデンウィークもあって営業日が少ないにもかかわらずです。

先述の通り、ISチームが追うべきものは「成約に繋がるアポイント」である以上、質を問われる部分はあります。とはいえアポイントの数が増えたということは、リードが「直接会って話を聞きたい」と思えるセールスピッチを展開できたということ。ISチームの改善が見られたと考えてもよいでしょう。

それにしても、これほどの急成長は想定外。どうしてISチームはここまで調子を上げることができたのでしょうか。

1つは、PODがうまく機能したことが考えられます。PODは少人数のグループで、気づいたところはどんどん改善を図りながら運用していくのが特徴です。内山氏も後日、次のように話しています。

「POD運営を始めてから、PDCAを回すスピードが格段に速くなったと思います。人

数が少ない分、それぞれの強みが伸びてきているなという感じですね。傾聴が得意な子がいたり、何度も同じリードにアプローチする粘り強さがある子がいたり、そうした個性ってチームで動いているときには見つけてあげられなかった。でもＰＯＤになってそれぞれの特徴がわかってきて、そこを褒めてあげると自信に繋がるようです。以前はどのメンバーも正解を求めていて、受け身になりがちな部分がありました。でも今は主体性を持って業務に当たり、むしろ周りを巻き込むような形ができていると感じます」（内山氏）

意思決定の迅速化とそれぞれのメンバーが個性を発揮し合い、積極的に関わっていくというＰＯＤの良さを存分に発揮できているようです。とはいえ仕組みを取り入れればうまく回るかというと、そんなことはありません。ＰＯＤリーダーが中心となり、メンバーの個性を生かした運営ができるかがカギを握ります。

ＰＯＤ－Ｂリーダーの勝山氏はインターン生ながら、自分なりに工夫しながらＰＯＤのマネジメントに取り組んでいました。

「**いい意味で深く入り込まず、管理しすぎないことを心掛けています。**というのも、１人ひとりが考えながら仕事に取り組んでほしいという思いがあるからです。それぞれが１日の中で仮説検証を繰り返したりテーマを決めて工夫を取り入れたりして、その結果どうだったかをみんなに共有してほしい。もちろん目標と進捗は管理しますけど、取り組みそのものを縛るつもりはありません。

疑問に思ったことや問題が発生したときは、その場で話したりフィードバックし合ったりできる雰囲気づくりを心掛けています。みんな同じところで電話しているから、自分が架電していないときは周りのセールスピッチが聞こえてくるんですよね。そこでいいなと思ったことは率直に伝えるし、気になる癖を見つけたら指摘する。みんなが『今気づいたんだけど……』って、声をかけ合っています」（勝山氏）

シェアし合う雰囲気づくりは、日々の会話だけに限りません。

「Slackで日報をシェアするのですが、個人的にいちばんこだわって書くようにしています。やっぱり周りに書いてと言う立場なのに、自分がまったく書いていないというのもどうかなと思うので、いちばん絶えず発信しているし、内容の充実にも力を入れていますね」（勝山氏）

また内山氏は、２つのＰＯＤを設けたことによる利点と課題も挙げています。

「**ＩＳチームを２つに分けたことで、お互いの取り組みを客観的に見られたのは大きいかなと思います。**『あっちのＰＯＤの取り組み、いいよね』というような。おそらくＰＯＤが１つしかなかったら、良し悪しを判断できないと思うんです。もう１つのＰＯＤがあるから、『うちのＰＯＤでもやってみよう』、『うちには合わないからやめておこう』と、取り組みの幅が広がった気がします。

ナレッジのシェアは、基本はＰＯＤ－Ａで試験的に始めてみたものをＰＯＤ－Ｂに派生させるというやり方で進めていきました。ＰＯＤ－Ａは人数が少ないですし、顧客対応も慎重になる分、活動量の低下が課題だったんですけどそれをメールでカバーできたことがあって。そのナレッジをＢでも活用するというように、いい面を広げていくというところでも二手に分けてよかったように思います。

ただ、ＰＯＤ間の分断が起きたこともあって、それは課題だと感じます。慣れてくるとＩＳチームという全体を見る力が弱まるんです。だから『このリードはＡがやってくださいい』みたいな妙なコミュニケーションが生まれてしまって。

でも、ＩＳチームとしてめざしていたのはそうじゃない。ワンチームで高めていくことが大前提としてあるので、『そもそもなぜPODという形にしたのか』ということをもう一度みんなで振り返ったこともありました。PODを取り入れると、一度は突き当たる壁かなと思います。早めの立て直しが大事ですね」(内山氏)

ISチームでPODが機能した背景には、おそらくPart 2第3章で紹介するユーザベースのカルチャーも大きく影響していると思います。自主性を重んじ、スピードを重視する組織だからこそ、PODというやり方がフィットしたのです。

しかし、これだけ世の中の仕組みが変わろうとしていますから、旧来型のグループマネジメントは時代に合わなくなりつつあるのも事実です。

先日あるマーケティングセミナーに参加した際に、登壇者の方が日本の営業組織について述べられていて、その内容が印象的でした。日本企業の原型は製造業にあり、製造部門と営業部門と管理部門という組織構造で、かつ営業部門が権力を持つ体制がずっと続いてきた。その影響により、日本の営業部門は今、もっとも保守的な組織であるという話でした。

これからの時代、あなたの会社の営業部門はどうあるべきでしょうか。

「頑張れ」では何をしていいのかわからない

ＰＯＤに続くＩＳチーム成長の理由、２つめに考えられるのは個々のスキルの上達でした。特に、インターン生の多くが著しい成長を見せました。

実は思い当たる節があります。それは4月に行なった簡単なレクチャーと1 on 1でした。業務上の悩みなどを聞いて、私のほうからアドバイスしていたのです。

セールスのスキルは、そう簡単にすべてを伝えられるものではありません。特に仕事が属人化している組織では、「頑張れ」とか「俺の背中を見ていろ」といった抽象的な指導をしてしまうケースです。業績だけを見て、いい、悪いと判断するのもよくありません。

これらに共通するのは、指導を受けた本人は「何を変えればよいのかわからない」ということ。成長の余地があるということは、行動に改善すべき課題があるということです。まずは課題の洗い出しと生じる理由を一緒に探ることが、育成のスタートといえます。

例えばアポイント数の目標と実績との間に開きがある場合は、未達の理由を逆《さかのぼ》る形で検討していきます。最初は架電数を見て、行動量に不足がないかを確認します。

ここで架電数が不足していたら、「もっと電話をかけよう」でアドバイスは終わり、以上！……って、「頑張れ」よりかは具体的ですが、行動量の不足は表層的なものです。実はこの先の「なぜ電話をかける回数が少なくなってしまうのか」を分析するのが、指導の本領です。

例えば、意欲の観点から行動量を振り返ってみましょう。モチベーションの低下がパフォーマンスに影響しているならば、モチベーションを下げる要因を取り除く必要があります。

では、意欲はあるのに架電量が足りないときは？　その場合は自信がなく、電話番号を押すまでに時間がかかっているのかもしれません。ならば自信が持てない原因をフォローすればよいのです。とっさの質問に対応できずに悩んでいるのであれば、商品知識の定着を図るトレーニングを行ない、話し方を気にしているならセールスピッチのトレーニングを積むといった具合です。

行動のボトルネックを明らかにし、その解消に繋がる処方を考えること。対症療法ではなく、原因療法を用いるのが基本です。

1on1で自走できる人材を育てる

定例で上司と社員が面談の時間を設け、仕事の話をしながら成長を促す1on1が日本でも急速に広まりつつあります。**最大の特長は、対話を通じて得た気づきより、社員自身が主体的に学びを深めることができること。**メンバーの実力差が大きなチームでは、一斉に教えるティーチングよりもコーチング重視で個にアプローチする育成のほうが短期間でレベルをそろえることができます。

また対話の充実は、意外な気づきをもたらします。それはメインで話す部下側だけでなく、話を聞く上司側にも当てはまることです。

インターン生との1on1でも、私にとって大きな気づきがありました。相手はとっても真面目で謙虚な小西菜々子さん。それ故に自信を持って電話をかけることができずにいました。なぜだろうと詳しく話を聞くと、「私ごときに時間をとってもらうのはおこがましい」と考えていたようです。そのひと言を聞いて、私はとても驚きました。自信がないのはスキルや経験といったところではなく、もっと内面的なところからきていると知ったからです。

そして彼女の課題はもう1つありました。それは声がとても弱々しいこと。自信のなさが声に表れてしまっているのです。不安定な声は、相手にも不信感を与えてしまいます。もしかすると、それがさらにインターン生の不安を増長させていたのかもしれません。

そこで私は「少し声のトーンを上げて話してごらん」とアドバイスしました。もともと企業リサーチを綿密に行ない、仮説を立てた上でセールスに臨んでいる彼女です。発声の仕方を変えるだけで結果も変わってきました。

彼女の不振を指摘できたのは、1on1だったからだと思います。

しかし1on1をやろうとしても、話を聞く側にはそれなりの難しさがあります。雑談ばかりが盛り上がったり、一方的なフィードバックで対話にならなかったりといった悩みもあるのではないでしょうか。

それはISチームも例外ではありませんでした。POD-Bを率いる勝山氏はメンバーとの1on1を定例で行なっていましたが、進め方に悩んでいました。様子を見せてもらったところ、うまくいかない理由は明らかでした。

というのも、メンバーと目線をそろえようとしすぎてしまい、自分なりの考えを持ち合わせていなかったのです。メンバーへのフィードバックも「活動量が少ない」などざっくりしたものでした。そうなると、相談を受けても堂々巡り。一緒になって「どうしよう……」と悩んでしまっていたのです。

そこで勝山氏には、「フラットな姿勢は大事だけれど、道筋を示すこともリーダーの役割。それと事例を基に振り返りをしたほうが、具体的に考えることができて行動変容に繋がるよ」とアドバイスしました。

それから間もなく勝山氏は改善を図り、以前とは比べものにならないほどの充実した1on1になりました。どのように進めているのか、勝山氏に教えてもらいました。

「**大きな流れは①現状の分析→②今後の目標設定→③課題分析→④対策を考える。**この流れで進めています。

事前準備を大切にしていて、まずメンバーからあらかじめ1週間のうちのベスト事例とワースト事例を教えてもらっています。**私のほうで各人のセールス状況を『Salesforce』で確認し、結果と原因を私なりに分析しておきます。**事前準備は1人当たり2時間ほどかけています。生産性がいいとはいえませんが、メンバーが残した営業メモのチェックなど日頃の営業活動と併せて分析しておくことで、1on1の充実度がまったく違ってきます。

①現状の分析

獲得アポイント数や、成約に繫がったID数、初回ロスト率などフィールドセールスにパスした後の結果などの共有がメインです。ここは他のメンバーの数字も敢えて見せるようにして、全体におけるメンバー自身のポジションを確認できるようにしています。

1つの事実として数字は見せますが、数字そのものを追求するような話はしません。というのも数字は客観的なあまり強烈なインパクトを残すものなので、モチベーションにも影響しがちです。『自分ってこんな感じなんだ』とつかめればＯＫという認識です。

②今後の目標設定

ここはＯＫＲに基づく行動指標を振り返り、到達できている指標の状況や、この先重点的に取り組む内容の確認を行ないます。未達の部分については、何が悪かったんだろうと理由を掘り下げていくのは③のところで行ないます。

③・④課題分析・対策を考える

１on１の中で、もっとも重視するのはこの③のプロセスです。①と②から見えてきた課題に対し、何が問題なのかを丁寧に整理します。例えば何かできていないものがあった場合、それがアクシデントによるものなのか、スキル不足によるものなのか、それともメンタル的なものなのか、いろんな切り口で考えていきます。

このとき具体例があると、課題も同じスケールで見えてきます。そこで役立つのが先に挙げてもらったベスト事例とワースト事例です。関連の深い場面を振り返り、そこでのやり取りを詳細に紐解くこともあります。

注意しているのは、私のほうでも課題に対する仮説を立てていますが、決して誘導はしないということ。本人の言葉をきっかけに、解決の糸口が見つかるのが望ましいからです。むしろ、私が想像していたこととはまったく違うところに着地点を見つけられたら、1on1がお互いにとっての有意義な時間になるんじゃないかなと思っています。とはいえ、何も持ち合わせていないところで話を聞いても進展しません。もし私と違う考えが出てきたら、『でもこんな考え方もできないか』と示唆するような形で私なりの仮説を説明することもあります。メンバーに体感してほしいのは、自己認知と他者認知のギャップです。ギャップが大きければ大きいほど、得られる気づきも大きいはず。この過程を経て、最後に対応策を一緒に考えていきます」（勝山氏）

いかがでしょう。勝山氏の1on1は大いに参考になるのではないでしょうか。**特筆すべきは、持論を押し付けないことにあります。**勝山氏自身がインターン生ということもあり、同じ立場であるメンバーのことを配慮してという部分もあるかもしれません。しかしそれを差し引いても、うまく相手の気づきを引き出しているように思います。

内山氏も隣で見ていて、勝山氏の1on1がＰＯＤ－Ｂ躍進の原動力となっていると感じているようです。

「少し前と比べて、インターン生の意識がまったく違うんです。１on１の時間に自分の課題を１つひとつクリアにして、次に自分なりの仮説を立てて試してみて、そして成功するというサイクルが楽しいみたい。中には獲得アポイント数が、前月の２・５倍に伸びたメンバーもいます。

個人目標をあまり問うチームではないのですが、今は自分で掲げた目標を達成するにはどうすればいいかと躍起になるメンバーが増えています。『自分が貢献すれば、チームの目標も達成できますよね！』っていうコミュニケーションも生まれて、自分本位でなくチームのことを考えるようになってきたのは大きな変化ですね」（内山氏）

ちなみに勝山氏の１on１では、ＫＰＩや行動指標な

勝山 航陽（かつやま・こうよう）

インサイドセールスチーム　インターンリーダー

国際基督教大学教養学部アーツサイエンス学科所属。２０１７年11月より長期インターンとしてユーザベースに参画。「SPEEDA」、「entrepedia」のインサイドセールスを担当し現在に至る。２０１９年４月に新卒としてユーザベースに入社予定。

ど事実ベースでフィードバックしていました。部下を指導する際、ついつい自分の経験や好みを持ち出して「俺論」を展開してしまうという人もいるのでは。特にネガティブな内容は、「お前はダメだなあ」などと本人の人格を否定しないように、くれぐれも注意が必要です。

ストックとフローの管理で、リードの過剰供給を抑える

ＩＳチームの大躍進で、訪問アポイント数は増えたものの、いいことばかりではありませんでした。急激な増加でフィールドセールスが対応しきれず、訪問スケジュールを仕切り直す「リスケ」が大量に発生したのです。５月のリスケ率はおよそ20％にも上りました。

予期せぬアクシデントともいえるところですが、フィールドセールスに対し計画的にリードを供給することもインサイドセールスの大事な仕事。つまりインサイドセールスは、リードの出入りを見極めながらバランスをコントロールする機能も担っています。

インサイドセールスは大まかにいえば、マーケティングからリードを受け取り、温めたリードをフィールドセールスに渡すのが役目です。このとき、インサイドセールスに入ってくるリードを「インプット」、フィールドセールスに渡すリードを「アウトプット」と

いいます。インプットの中には、こちらからターゲットにアプローチして得られたリードや、一度は商談に進んだけれども何かしらの理由で失注し、再度リードとしてリサイクルするものなども含まれます。

インプットとアウトプットは常に変化し、施策やセールス状況により変化の振れ幅が大きい性質を持ちます。ですからインサイドセールスは、両者のバランスをチェックし続ける必要があるわけです。インプットとアウトプットの変化は日次、週次、月次で確認することが望ましいでしょう。

ところがインサイドセールスでよくありがちなのが、バランスには目もくれず、活動量に重点を置くやり方です。架電数やアポイント数を評価指標にすることで、アウトプットに意識が向きがちなのです。しかし活動量ばかりに気を取られていると、たちまちインプットとのバランスはおかしなことに。まだ十分に温まっていないリードをフィールドセールスへ渡すことになるなど、セールス全体の質を下げてしまう原因になります。また行き過ぎた活動量信仰は、個々のメンバーに割り振る担当数を過剰に設定する原因にも。目標未達の状態が続けば、メンバーのモチベーションにも影響します。

こうした事態を避けるには、**インサイドセールスとしてのコンバージョンレートをＫＰＩに設定する方法があります。**つまり、インプットしたリードに対し、アウトプットしたリードの割合の適正値を見極め、それを指標とするのです。

$$\text{コンバージョンレート} = \frac{\text{アウトプット}}{\text{インプット}}$$

またリード管理には、ストックとフローの考え方も押さえておくとよいでしょう。

フロー（Flow）とは言葉の通り、リードの流動性を示します。先ほど紹介したコンバージョンレートは、インサイドセールスに入ってくるリードに対してどれだけのリードがフィールドセールスに渡っているのかを表しているので、流動性を見るのに適した値といえます。

一方ストック（Stock）は、インサイドセールスでためている、滞留しているリードのことを表します。ストックが増える理由はさまざまです。イベント直後で一時的に増える場合もあれば、リードタイムが長期化していることなどが考えられます。ストックが増えるということは、アウトプットが鈍るわけですからコンバージョンレートにも影響が。あらかじめ、インサイドセールスが抱えるリードの適正値を知っておくことが大切です。

基本はフローの確認を習慣化し、フローの値が異常値を示したときはストックを探ることをおすすめします。

フィールドセールスと同じゴールを見据える

6月に入り、ＩＳチームはさらに高みをめざす組織となっていました。アポイント獲得から顧客の成功を意識した関係づくりへと、意識が向くようになっていたのです。それは勝山氏のセールスの進め方からもはっきりとうかがえます。

「前半部分は顧客理解を目的としたヒアリングを行ない、それを元に「SPEEDA」でできることとできないことをお伝えして、サービスの価値を判断してもらいます。仮にお客様のニーズに応えられない場合は、それもきちんとお伝えすることが大切です。

逆にお客様の期待に応えられるのであれば、できることを確実にお伝えして関心を高めていく。お客様のほうから「もっと詳しく話を聞きたいです」と、アポイントを求めてくれる状態が、ＩＳチームのしかるべき姿なのかなと思っています」（勝山氏）

勝山氏の発言からは、リードとの対話を通じて温めと同時に見極めも行なっていることがわかります。それは、フィールドセールス側がＩＳチームに期待していることでもありました。セールスディベロップメントチームでフィールドセールスを手掛け、この5月からはＩＳチームのマネジメントにも携わる粟野勝貴氏は、次のように語っています。

「ＩＳチームに求めていたのは、アポイント可否の適切な見極めですね。いちばんわかりやすいのは、初回ロストをいかに避けることができるか。『相手が検討しているから』という理由だけで、十分なヒアリングをせずに設定された商談は案件化しないケースが3割以上を占めるんです。この生産性が低い時間を減らし、営業効率を高めるには、ＩＳチーム側でリードのフィルタリングが欠かせません。

もう1つは、お客様のミッションやニーズを引き出してもらうこと。所属する部署や対面の方の役割は何なのか、どのような課題を持ち解決策として何を求めているのか、これらの情報の精度が高くて豊富な状態で初回訪問に臨めると、シナリオを具体的に描けます。これができるかできないかで、訪問1回分のアプローチを減らせるだけのインパクトがあると感じています」（粟野氏）

訪問前の情報の重要性は、同じくセールスディベロップメントチームでＢＤユニット（「SPEEDA」のフィールドセールスのうち、大手の事業会社をターゲットとするチーム）のマネージャーを務める伊藤竜一氏の発言からも、うかがい知ることができます。

「私たちＢＤユニットは、商談化したリードを受注確度に応じて２：６：２の比率で分類しています。業績のカギを握るのは、中間の６の部分をいかに攻めるか。一部の人は『SPEEDA』にものすごく価値を感じているし、すぐにでも導入したいと思っているのだけど、社内の稟議が滞っているような状態です。この層は２回目の訪問で適切なアクションができれば、受注率が２倍になることがわかっています」（伊藤氏）

このようなフィールドセールスの動きに合わせながら、インサイドセールスも戦略的に営業活動を行なう。そうした体制づくりに動いたのは、内山氏率いるＰＯＤ－Ａです。社内で定めた重点企業を担当するＰＯＤ－Ａは、毎週行なわれるＢＤユニットの戦略会議でも積極的に意見を交わすようになったといいます。この点、粟野氏と伊藤氏は以下のように証言しています。

「戦略会議では、BDユニットが狙う会社や攻め方といった営業戦略の共有を1時間かけて行なっています。またインサイドセールスの架電先を見て、フィールドセールスから〝この会社の○○さんには、今◇◇部でこうした『SPEEDA』の使い方をしている、といった事例を紹介してみて〟などと、セールスのシナリオを提案することも。最近、ここの関係が急にうまく回りだして連携がスムーズになりました」（粟野氏）

「重点企業に対し、ISチームとフィールドセールスがどう連携して契約に繋げていくかのコミュニケーションが、以前と比べて格段に増えました。それにより、私たちも『ここを攻めれば取りに行ける』というシナリオが描きやすくなりましたね。それにISチームのほうから、『ここのアポイントが取れそうなのですが、何かいいシナリオはないでしょうか』といった相談が出るようになっていて、そこは大きな変化だと感じています。

以前のISチームは、KPIであるアポイントの数や商談の数ばかりを見ていたけれど、ここ最近は契約ID数を見ていこうという雰囲気になっています。ここにきてようやくISチームとも同じゴールを見据えて会話ができるようになってきた気がしますね」（伊藤氏）

リードの見極めや積極性の変化は、内山氏自身も自覚しています。

「リードを見極めてアポイントを取るようになったなと感じます。正直なところ、POD－Aのアポイントの数自体は減少しているんです。でも商談化率は劇的に上がりました。それに以前はフィールドセールスとも受け身のコミュニケーションでしたが、変わりましたね。フィールドセールスから『このリードはこうやってアポイント取って』とリクエストがあれば、そのまま言われた通りにしていたんです。けれども今はお客様の反応を見て、『今の時点ではニーズを感じていない。だからパスできません』とフィールドセールスにフィードバックできるようになっていて。他にも『〇〇様にアプローチしても見込みがなければ、次は同じ部署の△△さんにアタックします』といったやり取りができるようになって、コミュニケーションの質が格段に上がったと思います」（内山氏）

「訪問から受注のプロセスでは、ＩＳチームは電話の感触から『うまくいく』と思っていたけれども実際はそうでもなかったり、またその逆もあったりします。そうした差異はどこから生まれるのか、それをくみ取ろうとするアンテナが立ってきている気がしますね」（伊藤氏）

こうしたＰＯＤ－Ａの積極的な姿勢は、ＰＯＤ－Ｂにも波及しているようです。勝山氏は以下のように証言しています。

「フィールドセールスからは、『こういうアポイントを供給してほしい』とか『このアポイントはこういう理由で失注した』、あるいは『この情報があったから商談に繋がった』など、フィードバックをもらいます。

一方ＩＳチームでは、架電先に対して仮説を立てていて、その仮説に基づいてヒアリングしてアポイントを取るようにしています。だから仮説が合致して手応えを感じたお客様が、フィールドセールスに渡った後に失注となると、『何でだろう』って思うんです。そういう場合はこちらから失注理由を確認しています」（勝山氏）

栗野氏はＩＳチームの変化を頼もしく感じています。

「最近アポイントの供給量が安定してきましたね。半年ほど前とは比べものになりません。アポイントの数が安定すれば、フィールドセールス側も計画性を持って行動できて、月次で受注ＩＤ数を追う中でミートするようになるので助かります。

それと、ＩＳチームのプレゼンス（存在感）が確実に高まってきたなと思います。以前はやっぱりフィールドセールスとの力関係に差がありましたが、一緒にやっていこうというスタンスになりつつある。フィールドセールスが、インサイドセールスの価値を正しく認識し始めている印象を受けますね」（粟野氏）

ここで注目したいのは、フィールドセールスチームの考え方の変化です。かつてはセールスをサポートするような形になっていたＩＳチームの成長を認め、対等な関係でセールス全体の精度を高めていくコミュニケーションを実現しています。

この許容の姿勢は、非常に重要です。いくらインサイドセールスが改善を図っても、フィールドセールスの価値観が変わらない限りはセールスの仕組みがうまく連携しないからです。双方向のコミュニケーションでサポートし合う関係づくりがポイントになってきます。伊藤氏は言います。

「ＰＯＤ－Ａは今、大量にリードが入ってきて大変なんです。新規リードもあれば、マーケティングチームのホワイトペーパー経由のリードも入ってくるし、それに以前から管理しているリードもある。２人のメンバーで回すにはパンパンです。

それでBDユニットもリストを見て、優先順位を示すようにしています。『この会社のここの部署なら、この事例から切り込んでいければアポイント取れるよ』といったように。ISチームはメンバーがみんな若いですから、引き出しもそれほど多くありません。そこは経験のあるフィールドセールスチームがきちんとカバーしていくべきだと思うんです」（伊藤氏）

対等な関係を築きつつ、必要なところは経験で補う。これぞチームワークといえます。

インサイドセールスでBANTを聞き出す

5月の半ば過ぎ。ISチームが勢いに乗り始めた矢先、私は西川氏からある相談を受けます。それは、

伊藤竜一（いとう・りゅういち）

セールスディベロップメント　アカウントエグゼクティブチームジェネラルマネージャー

2007年、名古屋大学大学院を卒業後、リクルートに入社。人材事業の大手向けメディア&ソリューション営業に従事し、2010年度には全国営業通期達成率TOP賞を受賞。また、メディアと人材紹介を組み合わせた顧客伴走モデルやWebマーケティング活用サービスを企画立案・商品化。アドテク領域や大手営業部隊でのマネージメントも経験。2016年からユーザベースに参画し、「SPEEDA」営業及び「entrepedia」や「MIMIR」の営業立ち上げに従事し、現職。

「ISチームでBANT情報を聞き出せるようにしたい」というものでした。

BANTとは、法人営業で用いられる商談相手の見込み度合いを測り、セグメントするための指標のこと。

・B（Budget）：商品やサービスを導入するための予算
・A（Authority）：誰が商品やサービスの導入を決める決裁権を持つのか
・N（Need）：企業がその商品やサービスをどれだけ必要としているか。それはなぜか
・T（Timeframe）：導入時期

前記の通りそれぞれの頭文字を合わせたもので、普通はフィールドセールスが商談の席でそれぞれの状況を確認するものです。

BANTという一律の基準ができることで、リードの状況を客観的に判断することができるようになります。一般的にはBANTの内容が具体的であればあるほど、導入に向けて本格的に検討していると考えられています。逆にどれか1つでも曖昧なままでは成約には繋がらないとされ、商談ではBANT情報を活用して今後のシナリオを考えていくという手法が用いられています。

そのBANTを、商談の前段階で獲得しようというのです。

インサイドセールスでBANT情報を得ることは、セールス全体の流れから見てもいくつかのメリットが考えられます。

1つはフィールドセールスにリードをパスする段階で、相手の姿勢や考え方がある程度見えてきます。改めてBANTを確認する手間も省けますし、温度感がわかった上で初回訪問に臨めれば、より具体的な営業シナリオを描くことができるでしょう。

もう1つは、マーケティングへの効果です。インサイドセールスの段階でどれくらいBANTが具体化されているリードが受注に繋がるのか、またBANTのどの項目が受注に大きく影響しているのかなど傾向が見えてくれば、「理想のリード像」を具体的に描けるようになってきます。マーケティング用語でいう、ペルソナと呼ばれるものです。商材の魅力が刺さる相手に届くマーケティングができれば、リードの質の向上に繋がるわけで、最終的には売上や利益にも影響してきます。

つまりリードのBANT情報を獲得し、マーケティングやセールス施策に生かすことは、顧客への有意義な商談時間を提供することに繋がり、顧客獲得の効率性を高め、ひいてはROI（Return On Investment：投資対効果）の向上に繋がるのです。

Will（意志）がある持ち主を探せ

セールスピッチの掘り下げを課題と感じていたISチームのメンバーにとっても、BANTのヒアリングを糸口にするのは有効かもしれない。早速内山氏とBANT情報の集め方について検討することにしました。そしてこの議論には粟野氏も加わることに。フィールドセールスの現場をよく知る粟野氏、とても心強い存在です。

BANT情報の検討は、あらかじめ内山氏が粟野氏にヒアリングした内容を基につくられた資料を使って行なわれました。フィールドセールスが事前にわかっているとうれしい情報や、普段の営業活動で耳にするお客様のニーズ例などがメモされています。

またこの話が立ち上がってから、内山氏はセールスピッチにBANTを取り入れることを試していました。

「BANT情報を引き出すのにどういう聞き方がいいのか、自分なりにやってみましたが、なかなかしっくりこないんですよね。何だか尋問しているようで、『自分がお客様なら答えたくない』って思います」（内山氏）

　そこで粟野氏が、**「B・A・N・Tの順番にこだわらず、ニーズ（N）から聞いたほうが展開しやすいよ」**というアドバイスを。さすが数多くの商談をこなしてきただけあります。それからニーズ（N）やタイムフレーム（T）など、具体的にはどのような粒度で話を聞ければセールスにとって有効な情報となるかを話し合いました。

　電話でのヒアリングではリードが「市場分析」としか語らなかったとしても、その内容はトレンドの把握や競合の把握、新たな市場開発に向けた周辺情報の収集やサプライチェーンなど、多岐にわたることもわかってきました。

　続けて粟野氏は、フィールドセールスが事前に知りたい情報について話し始めました。

「『SPEEDA』に対する期待感というか、お客様の『熱量』がつかめているかどうかが、セールスに大きく影響しているような気がして。その部分をBANTという形でなくても、1つの尺度で把握できたらと思うんですよね」（粟野氏）

　その話を聞いて、私はC（Competitor：競合）の情報を追加してはどうかと提案しました。私が長らくインサイドセールスを手掛けてきたパソコンのセールスでは、比較検討しているライバル企業の存在やP（Partner：パートナー）の存在を確認するのは常識でした。導入の本気度を測る上で、コンペティター（C）は有効な項目といえます。

この考えに粟野氏も同意。BANTに加えて「コンペティター（C）」もヒアリング項目に入れることにしました。そしてオーソリティー（A）の話になったとき、粟野氏はとても興味深い意見を述べました。

「熱量の話で言うと、**決裁者かどうかというよりも明確な課題感を持って、『SPEEDA』を導入したいという『Will』の有無が大きいと思います。**仮に導入のハードルがいくつかあった場合、『無理です』で終わらせずに『どうすればそのハードルを越えられるか』という発想でアクションを起こしてくれるような人なのかを見極めたり見つけたりすることのほうが大事だと、伊藤（竜一氏）ともよく話をしますね」（粟野氏）

これは私にとってても大きな発見でした。確かに相手の熱意や行動力で受注確度は変わってきますし、導入後の運用にも影響してきます。

でも、どうすればWillの度合いを測れるのか？　しばらくの間、私の中で大きな課題となりました。というのも、BANT情報をマーケティングやセールス戦略に生かすには、定量的に情報を管理する必要があったからです。

ＢＡＮＴ情報の話が出たとき、私はそれぞれの項目を「Salesforce」で管理することを前提に考えていました。それもメモベースではなく、できれば項目別にプルダウンで選択できることが望ましい。情報の粒の大きさがそろうし、抽出や分析もしやすいことを考えると、この条件は必須でした。入力を機械的に行なえればメンバーの負担も軽くなり、情報が蓄積されやすくなることも理由の1つです。

定性的な情報を定量化する手法がないわけではありません。例えばコールセンターでは「耳合わせ」といって、複数のオペレーターが同じ内容の会話を聞きながら、評価のレベルをそろえるトレーニングが行なわれます。Willについても基準をそろえて5段階で評価することができないかとしばらく考えていました。

ところがこの課題の解決策は、後日伊藤氏に話を聞いた時に明らかになります。それは思いもよらないものでした。

「私が『Willがある持ち主』として定義しているのは、健全な課題意識と影響力のある人を動かせるようなずる賢さの持ち主です。これがあるならば、別に部長や課長でなくてもよくて主任でも構わないんです。ただ、インサイドセールスでそうした人を見つけて一本釣りするのは、やっぱり難しいと思う。ですから私たちが**ＩＳチームに望むのは、訪問営**

業の場にWillがある持ち主をセッティングするように仕向けることなんです。

それにはお客様の抱える事業課題を理解し、それを踏まえて訪問時にこちらが提供できる価値と、その価値を理解できる人に話を聞いてほしいという思いを伝える必要がある。それができれば、『じゃあ○○も同席させますね』などと、自然にキーマンを連れてきてくれるようになるんです」（伊藤氏）

なるほど！ この一件は、情報収集の目的を明確にし、ベストな手段を見極めることの大切さを教えてくれました。

栗野 勝貴（あわの・かつき）
インサイドセールスチーム マネージャー
2010年同志社大学商学部卒業後、ERPパッケージベンダーの株式会社ワークスアプリケーションズに新卒入社。大手法人営業に従事した後、大学生限定無料カフェ「知るカフェ」を運営する株式会社エンリッションを共同設立し取締役に就任。株式会社ユーザベースに参画後は法人営業を担当したのち、現在に至る。

「聞けなかった」と「持っていない」は違う

その後も内山氏は、勝山氏も巻き込んでＢＡＮＴ収集の実践を続けました。また他のメンバーも、できる範囲でＢＡＮＴの収集にチャレンジしているようです。しかし6月の段階では、新たな課題も見えてきました。

「やっぱり尋ね方が直球になってしまうんです。バジェット（Ｂ）は、予算感を聞くのが難しいですね。初回の電話にもかかわらず、『予算の確保はどれくらいですか？』とか『いつ頃までに確保できそうですか？』となかなか大胆な聞き方をする子もいて、相手の心証を損なうこともあります。訪問アポイントを取れた後は聞きやすいんですけどね。フィールドセールスなら教えてもらえる内容だと思うんです。でも可能なら、スタートダッシュの時点で予算も聞けたらいいなあと思います」（内山氏）

さらに内山氏は、深い情報まで聞き出すのはフィールドセールスのモチベーションにも影響が出るのではないかと心配していました。

ＢＡＮＴを聞き出すのは難しいと感じる人は、インサイドセールスに限らず少なくありません。予算・決裁者・ニーズ・導入時期と一概に言っても、どのくらいの粒度で聞くべきかは業種や商材にもよりますし、それぞれの業界には独自の文化がありますから、聞きやすい項目と聞きづらい項目が出てくるのも当然の話です。

しかし、だからといって、理由もなく聞くのを諦めてしまうのは考えもの。たとえBANTを得られなかったとしても、「聞き出せなかった」のと「お客様が決めていなかった」のとでは、その後のアクションはまったく変わってくるはずです。

BANTの各項目を拾う方法に、正解はありません。スクリプトをつくることも対策の1つでしょう。ただしISチームの場合は「スクリプトに頼ると尋問調になりがち」と、内山氏は慎重な姿勢を見せました。それぞれのチームに合ったやり方を、試行錯誤しながら探していくのがいちばんだと思います。

実際に内山氏は、しばらくトライ&エラーを繰り返す中、7月に入る頃にはBANTとコンペティター（C）の集め方に手応えをつかみ始めていました。

「粟野が話していた通り、聞く順序がすごく大切だと感じます。まずニーズ（N）ですね。どうして『SPEEDA』に興味を持つようになったのかから始めて、続けてオーソリティー（A）に。

前に粟野が教えてくれたのですが、オーソリティー（A）は決裁者かどうかではなくツールリテラシーの有無がカギで、ツールの導入経験があればバジェット（B）の話もスムーズにいけるんですよ。逆にツールを入れたことがない人だと予算を握っていないことが多くって。そこの壁を破れば、部門統括者に電話を替わってもらえることもあるんです。ニーズ（N）とオーソリティー（A）がはまると話が早いですから、そこの有無でフィールドセールスにリードの温度感を伝えられるようになった気がします。訪問前の段階で『これはいける』とか『ちょっと難しい』と擦り合わせができるので、互いにストレスなく進められるようになりましたね」（内山氏）

1つの成功パターンが見つかると、セールスピッチも自信が持てるもの。余裕を持ってリードと接することができるようになり、好循環が生まれます。

目標管理にBANTを取り入れるには

BANT+Cの方向性が見え始め、記録の仕方などを検討している時に内山氏から別の相談を受けました。それは、「BANT+Cを、OKRに入れることはできないか」というもの。個人目標の管理指標として、BANT情報の獲得状況を使いたいというのです。

結論から言えば、BANT+CをOKRに盛り込むことは可能です。例えば、すべての顧客のうち、BANT+C情報を獲得できた割合（顧客カバー率）を個別に算出するなどの方法があるでしょう。Ｂ・Ａ・Ｎ・Ｔ・Ｃと、項目ごとに顧客カバー率を出すことも考えられます。

ただし扱いは単純なものではなく、慎重な対応が必要だと思います。特にＯＫＲの達成状況によって、評価や給与がダイレクトに影響するような場合はなおさらです。

ＢＡＮＴ＋Ｃ情報は、皆さんが思っている以上に繊細です。例えば「SPEEDA」にとってのコンペティター（Ｃ）というと、普通は企業情報のデータベースなどが考えられますが、経済情報という観点で見れば日本経済新聞や自社事業であるニューズピックスも当てはまります。獲得価値のある情報をどのように定義するか、明確な基準がなければ公平な評価は難しくなるでしょう。

また商材はもちろん、リードの企業規模や組織体系、業種によっても入手できる情報に違いが生じるはずです。そうした取得難易度の差異や偏りを、どう均質化するかについても考慮する必要があります。

何よりＢＡＮＴ情報の取得は重要なことですが、管理指標にした結果「ＢＡＮＴを取ること」が目的化してしまっては意味がありません。

インサイドセールスのめざすべきところは、成約率を高めることにあるのですから。

インサイドセールスをアウトソーシングする

「SPEEDA」のインサイドセールスを手掛けるのは、ISチームだけに限りません。実はアウトバウンドのインサイドセールスを、外部企業にアウトソーシングしていました。

しかしここにきて、マーケティングとセールスを統括する西川氏はアウトソーシングを見直そうとしていました。


「インバウンドの次の伸びしろとしてアウトバウンドを考えておりました。アウトバウンドはインバウンドとは異なるスキルセットが求められるので、得意なメンバーである大竹が実験的に始めておりました。当社として未だ成果が見える段階ではなかったので、効果として定着するためにも、アウトソースで実験を継続していました。アウトソーサーにはこちらから架電リストを渡し、内部のISチームと同様に先方の事業課題をヒアリングしつつ、商材紹介と訪問アポイントの設定をお願いしていました。

しかし、結果アウトソーサー経由の商談だと、成約率がいまひとつでした。もしかするとリストの質に問題があるのかもしれませんし、アウトソーサーの能力の問題かもしれません。短期的な結果を求めて行なった施策でしたが、リストの質向上といったリスト精緻化やアウトソーサーへの教育が必要ならば、投資をしても最終的に社内の財産にはならないので内製化したほうがいいのかなと考えています」（西川氏）

インサイドセールスは、アウトソーシングに向かないということはありません。社内のリソースが不足していて営業機会を逃している、インサイドセールスのノウハウが社内にないというのであれば、アウトソーサーを使わない手はないでしょう。

例えばPart 3で紹介するHENNGEでは、最初にインサイドセールスの導入をする際、いきなり内製化するのではなく、まずはアウトソーシングから導入を始め、徐々に内製化に移行しました。また、逆にインサイドセールスの手法やオペレーションが社内でしっかり確立している場合、外注は不要かというとそんなことはありません。きちんと外注先との意思疎通ができれば、アウトソーシングを活用するのは1つの戦略として有効です。

とはいえテレホンアポインターと違い、作業の「量」で委託できないのがインサイドセールスの難しさ。事務的な依頼の仕方では成果を上げることは難しいでしょう。

商材の特徴やターゲットだけでなく、「どうしてこのビジネスを展開しているのか」、「商材を広げることでどんな変革を起こしたいのか」など、**描いているビジョンを共有し、**

その思いや熱意に共感してくれるアウトソーサーを探すことが、まず重要といえます。

さらにアウトソーサーとは、ビジネスを加速させる「共同体」として向き合うこと、これも大切です。アウトソーサーにとって委託業務が自分事になるように、相手の成長やモチベーションも考慮すること。その上で、委託する業務の範囲やボリューム、管理の方法などを相談しながら決めていきます。

アウトソーサーを味方にできるかどうかは、委託元のハンドリング次第なのです。

アウトバウンドは焼き畑農業から種まきに

この本を読んでいる皆さんの中には、アウトバウンド営業を担当している人もいると思います。

アウトバウンド営業では、リスト上のリードに片っ端からアプローチを仕掛けるというのが一般的です。相手のニーズや商材への関心度がまったく見えない状態で突然連絡を入れる、まさにぶっつけ本番のシチュエーション。当然ながら、商談化に繋がる割合はインバウンド営業に比べて格段に低くなるのが一般的です。

それでもひと昔前までは、とにかく当たって砕けろと、受注確率が低いとわかっていながら電話をかけて、次のステップに進んだらラッキー、断られたらリストに線を引くという「焼き畑農業」と揶揄《やゆ》される営業スタイルが、当然のように受け入れられていました。

しかし時代は変わりました。ＭＡやＳＦＡなどの発達で、接点さえあれば相手が商材に対しどれくらいの興味関心があるのかをリアルタイムで測ることができます。またメールやＷｅｂなど相手の時間を邪魔しないＰＲも可能です。「リードナーチャリング」という、商材への関心や繋がりを少しずつ育てていく発想が広がりつつあります。

つまり入り口であるアウトバウンドの瞬間は購入の見込みが薄くても、長い時間をかければ将来的に顧客となる可能性が出てくるわけです。具体的な例はこの項の後に続くColumn 2で紹介しますが、手当たり次第のセールスではなく、狙った相手に向け戦略的にアプローチしていくやり方が、これからの時代のアウトバウンド営業のスタンダードになりつつあります。「森を焼く」のではなく「種をまく」発想は、ぜひ押さえておきたいところです。

そうした背景を踏まえ、アウトバウンドを担うインサイドセールスのチーム運営における注意点を、２つ挙げておきたいと思います。

①「取りあえずやって」は禁物

先ほども解説した通り、インバウンドに比べてアウトバウンドの場合、リードの商材に対する関心度はあまり高くありません。ですから商談化までのリードタイムは長期化する傾向にありますし、架電したその場ではいい返事をもらえないことがほとんどです。

たとえ「種まきだ」と頭ではわかっていたとしても、断られ続ける状況はやはり精神的につらいもの。それに無秩序なやり方では、出口の見えないトンネルをさまようばかりです。

ですから**アウトバウンドを担う期間やキャリアパスをできるだけ明示し、モチベーションを下げずにやり切れるような仕掛けを取り入れることが大切です。**また日頃のメンバーの様子にもアンテナを立て、いつもと雰囲気が違ったり気分が落ち込んでいたりする場合は早めにフォローを入れ、メンタル面のケアも忘れないようにしましょう。

②リードを簡単に捨てない

Column 2やPart 3に登場する事例では、アウトバウンド主体のインサイドセールスを実践している企業がいくつも出てきます。そこで共通するのが、「リードの数には限りがある」ということ。泉のように湧き出てくることはなく、どのリードも大切にしたい存在です。

そのためどの企業でも、**反応がいまひとつだった相手であっても最低メールアドレスだけは取得して、リサイクルリードとして扱うといった対応をしています。**「残念だったね」と簡単にリードを捨ててはいないのです。

リードを使い捨てするのは、常にゼロからの営業を繰り返していることと同じこと。しかしリサイクルして好機を待つ形にすれば、導入を省いた形でセールスに臨むことができます。投資効率の観点から見ても、この小さな差の積み重ねがいつか大きな違いとなって表れるのは容易に想像できるはずです。

第2章まとめ

「SPEEDA」のＩＳチームの変革は、ＰＯＤの導入から始まりました。

ＰＯＤが本格的に始まった5月にはもう既に、獲得した初回訪問アポイント数が、先月と比べて35％ほど増加していたのです。

しかし、それはただ単にＰＯＤという仕組みを導入したからではありません。

それよりも、ＰＯＤという仕組みの根底にある「アジャイル」な姿勢をＩＳチームの皆さんが体現してくれたからです。お客様や環境の変化を感じて、素早いＰＤＣＡを回していったのです。

そしてこの素早いＰＤＣＡを効果的にしたこととして、ＩＳチームがフィールドセールスと対等な議論ができるようになったことが挙げられます。これにより、あくまでアポイント数ではなく契約数をめざすということを意識合わせできました。

ＫＰＩにしてもＢＡＮＴにしても、改善は当然必要です。ＩＳチームの成長はこれら1つひとつの改善が合わさったことによる成果ですが、たとえ改善をしても、目標とするものが違えば、改善の方向性も変わってしまいます。

この点、6月に入り、ＩＳチームが成約を意識したリードの見極めを行なうようになったあたり、フィールドセールスと議論を重ね、意識合わせをした結果が表れているのではないでしょうか。このような対等な議論ができているのは、ユーザベースのオープンな社風によるところが大きいと感じています。

そして、自主性を重んじる社風も、ISチームの成長に寄与したことは間違いがありません。個人に任されることによりそこに責任感が生まれ、成長意欲が生まれます。それにより、組織のPDCAのみならず、個人のPDCAも最速で回るようになりました。5月のアポイント数3割増という結果は、個々人のセールスピッチの改善が大きかったことは本文に述べた通りです。

自主性を重んじる姿勢は、POD-Bリーダー勝山氏の証言に大いに表れています。「いい意味で深く入り込まず、管理しすぎないことを心掛けています」。そう、決して誘導はせず、持論を押し付けない。それにより、個々人が自ら課題とその解決策を考えるようになる。PODが機能したことは、ただの仕組みの話以上の理由があるのです。

[Column] 2
アウトバウンドリードのインサイドセールス

ユーザベースでは、ほとんどのリードがＷｅｂを通じた問い合わせやイベント申し込みによるもの、つまりインバウンドのリードでした。ところで、こちらから狙った顧客に対してアプローチを仕掛けていくアウトバウンドの場合では、インサイドセールスの手法に違いはあるのでしょうか。

Column 1に続いてセールスフォース・ドットコムの伊藤靖氏とマルケトの小関貴志氏に、自社事例を基にポイントを解説していただきました。

OPINION 1

株式会社セールスフォース・ドットコム
インサイドセールス本部 執行役員 本部長
伊藤 靖 氏

トップマネジメントを狙ってアプローチ

セールスフォース・ドットコムでは、リードの約半数がアウトバウンドです。インバウンドとアウトバウンドでは顧客接点の入り口も違いますし、対象とするお客様も違います。そこで部内をＳＤＲ（Sales Development Representative）とＢＤＲ（Business Development Representative）の２つのチームに分けて対応しています。アウトバウンドリードを担当するのは、ＢＤＲチームです。

ＢＤＲでは、各業界の大手企業を対象に、

集中的にアプローチしています。

といっても、インバウンドと違ってコンタクトする相手の情報がまったくわからないことも珍しくありません。その場合は**LinkedInやユーザベースの「SPEEDA」など公開情報を駆使して、キーマンとなる人を探し出します。**

このときの**ポイントは、トップマネジメント層をキーマンとすること。**決裁者に直接アプローチするので意思決定が早い上、セールスサイクルが短くなるにもかかわらず大きな案件になりやすいのです。なぜなら、トップ層は自部門の事業だけでなく会社全体を見ているから。興味を持ってもらえれば、他部門のマネージャーを紹介してくださるなど横展開しやすいのです。

部門横断のチームでターゲットに臨む

とはいえ、商談化するのは簡単なことではありません。成功したらビッグビジネスになる可能性が高い反面、失敗は許されません。念には念を入れて準備を進めます。

まず社内では、インサイドセールス1人で動くことはありません。**フィールドセールスが中心となり、インサイドセールス、カスタマーサポート、ソリューションエンジニアでチームを結成。**週に1度はメンバーで集まり、ターゲットに合わせて戦略を練っていきます。

ミーティングではアプローチの進捗も共有します。「この人には会えたけれども、別のキーマンがいる。この人を口説くにはどうしよう」、「どういうテーマで近づいたら会ってもらえるだろうか」と、出会いの場づくりに向けていろいろ議論します。

その後インサイドセールスでアプローチを仕掛けますが、同時にお客様の経営課題や周辺事情を探り、受注までのプロセスを明確にしていきます。

このやり取りに必要となってくるのが、**やはりお相手の業界に対する専門知識**。付け焼き刃では到底対応できないため、インサイト・セールス・ユニバーシティーでは専攻を選んで学びます。また時には思いを手紙にしたためることも。なぜ会いたいのか、どんな形でビジネスに貢献できるかをお伝えし、ディスカッションの場を設定してもらうようにお願いします。

無事に初回訪問のアポイントに繋げられたら、再びチームで作戦会議を。限られた時間を有効に使い、訪問先で、ある程度具体的に提案できるようにコンテンツも決めて臨みます。

ターゲットの明確化と記録の連携がカギ

アウトバウンドのリードに対するインサイドセールスを成功させるコツは、**まずターゲットを明確にすること**。自らアプローチする意図や狙いをはっきりと定め、それに見合う企業をリスト化することです。例えば「成長企業を狙う」としたら、3年以上黒字経営のところ、従業員数の伸び率が都内トップ50に入るところなど、自社にとってどういう企業が成長企業なのかを明確にする。その条件を関係各所とコンセンサスを図った上で、ターゲットを絞っていくこと。「取りあえず、あ行の企業から」など、無目的なやり方では絶対にうまくいきません。

　また**振り返りも大切。**1人のインサイドセールスが1カ月に対応できる企業数を想定し、四半期ごとに結果を振り返るなど、ターゲットの妥当性を検討することも重要だと思います。

　次に「Salesforce」などに**営業履歴を残すと思いますが、できる限り早く、かつ事実を書くことを大切にします。お客様が話された言葉をできるだけそのまま書くのです。**相手の言葉から察して推測を書くのはトラブルの元です。お客様が「そんなこと言ってない」となれば、信頼関係にも影響してくるので注意が必要です。

　またマーケティングからカスタマーサクセスまで部門の垣根を越えて、お客様の記録を共通のデータベースで見ることは、非常に価値のある行為です。お客様が自社のサービスをどのように知り、どのようなプロセスを経て初回訪問となったのかなど、お客様が今の状況に至るまでの流れを知っているか知らないかでは、当然1つひとつの営業アクションの密度も違ってきます。

　また、全体の傾向を見ながら部門ごとの施策も打ち出すことができる。連携型のセールス活動が、今後ますます大切になってくると思いますね。

OPINION 2

株式会社マルケト
マーケティング本部 本部長　**小関 貴志** 氏

狙った顧客がインフルエンサーとなり市場が広がる

インバウンド型セールスの顧客の流れは、何かのきっかけで自社の商品やサービスを認知した人が大勢いて、その人たちの一部が関心を持ち、導入を検討し、購入に至るというパターンです。入り口の部分で、ある程度の人数を確保し、商材への興味関心やマッチング度合いにより徐々に絞り込まれていくＰｕｌｌ型ファネルの構造をしています。

しかしアウトバウンド型の場合は、Ｐｕｌｌ型ファネルとは逆の構造（Ｐｕｓｈ型ファネル）になります（図表7）。自社の商品やサービスとマッチし、かつそれぞれの業界で影響力のある人や企業を選定して、こちらからアプローチを仕掛けていきます。もしターゲットがユーザーになれば、その人たちがインフルエンサーとなり、その界隈《かいわい》で一気に普及が進むという流れです。入り口のところでの数は絞られますし、まったく接点のないところからアプローチすることになりますが、やり方次第で大きな市場を得られる可能性もあります。

マルケトではしばらくインバウンドのリードに絞ってセールスを展開してきましたが、ここにきてアウトバウンドにも力を入れようと、２０１７年にＢＤＲユニットを立ち上げ、今年から営業活動を始めています。

■図表7　Pull型ファネルとPush型ファネル

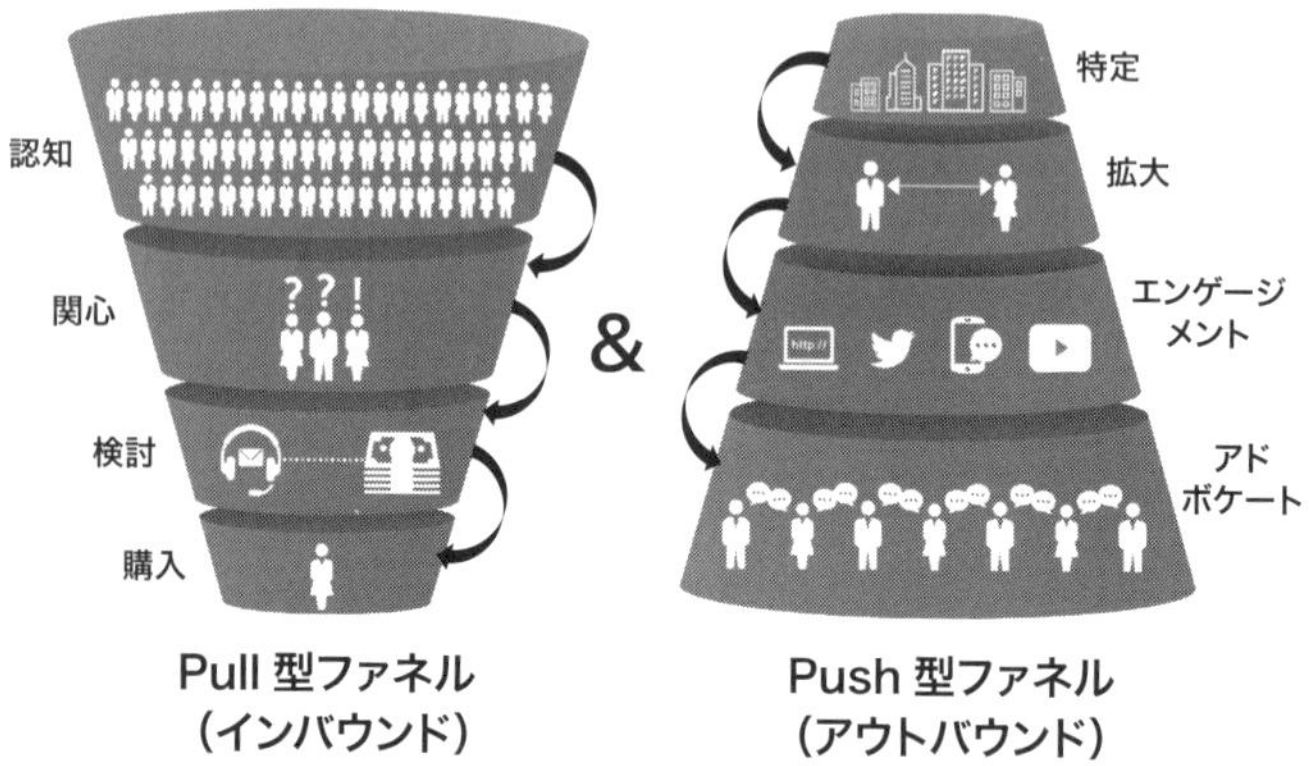

理想の顧客像を明らかにする

アウトバウンド型のセールスを手掛ける場合、**もっとも重要なのはターゲットの選定にあると考えています。**つまり、自社にとっての理想的な顧客像をクリアにすることです。

特に「Marketo」のようなサブスクリプションモデルの商材の場合、長きにわたりエンゲージメントを構築できるかがポイントとなってきます。業界内で影響力のあるお客様が長い期間愛用してくれればくれるほど、商材はその業界でのスタンダードになっていくからです。ですから**商材との相性が良い業界や業種、事業の方針や企業文化などをよく見極めてターゲットを決めることが大切です。**

逆に契約が取れるかどうかという短期視点

の観点だけでターゲットを決めるのは、おすすめしません。一度は契約に至ったけれども長く続かなかったというのでは、その業界では役に立たないという印象を与えてしまうからです。

「Marketo」の場合は、今の時点で長くご愛用いただいているユーザーを分析し、「Marketo」と相性の良い業界や組織体系、事業方針などいくつかの要素をマーケティング部門で抽出し、それを基にターゲットを決定しています。

分析の結果、不動産やIT、人材系で営業担当がいるビジネスモデルだと、「Marketo」を活用してもらいやすいことがわかっています。加えて、テクノロジーの導入に積極的ですとか、海外売上比率が高いといった企業ごとの特性を加味しながら、ターゲットを絞り込んでいくイメージです。もちろんそれぞれの業界でのシェアなど、市場影響力も大きなポイントとなります。

ツールを活用しターゲットに合ったアプローチを考える

企業の情報を調べるのに、少し前ならメンバーで手分けして会社四季報とにらめっこするといったこともあったかもしれませんが、今は「SPEEDA」や「FORCAS」といった便利な分析ツールがあります。これらと「Marketo」を組み合わせて、ユーザーの特徴と類似している企業を洗い出したり、マークしている業界の「Marketo」の導入状況を確認したりしながらスコアリングの定義を設け、優先順位を決定していきます。

同時に過去のセールス活動の分析も、

「Salesforce」などのＣＲＭツールを見ながら進めていきます。有効なマーケティング施策や大きな受注に繋がった商談の事例、「Marketo」の導入によって大きく改善された事業課題の例などを参考に、戦略を考えていきます。

　それぞれのターゲットに向けたアプローチは、マーケティングとフィールドセールスとも連携を取りながら進めていきます。例えばマーケティングなら、不動産業界向けやＢtoＣ企業向け、あるいはお相手の役職に合わせたコンテンツ配信などです。

　ターゲットを明確化している以上、より相手にフィットするアプローチを仕掛けることはとても大切なことです。しかし一方で、マンパワーには限界があります。やはりテクノロジーやツールの活用は大事なポイントといえるでしょう。

　また理想を言えば、ターゲット自身が商材に関心を持ち、相手のほうからこちらとの接点を持ってくれる、つまりインバウンドしてくれる状態がもっとも望ましいですし、関係を構築しやすいものです。そうした動きに繋がるよう、ターゲットとなるＷｅｂアカウントのみに広告を出す、あるいはお送りした手紙に固有のＵＲＬを載せ、手紙を送った相手の誰が私たちのサイトを訪れたのかがわかるようにするなどの施策も取り入れています。

※事例内容は、Part３の〈Case３〉も参考にしてください。

相手の心証に意識を向ける

アウトバウンドの場合のインサイドセール

スでは、ターゲットの定義が重要であると述べてきましたが、**相手の心証へ意識を向けることもとても大切だと思います。**

顧客の購買行動における意思決定は、モノからコトを重視する傾向にあります。つまり、どんなに商材が良くても、相手の印象が悪かったり購買プロセス全体で心地のいい体験ができなかったりすると買う気が起こらないのです。実際に、「Marketo」を選んでくれたお客様に理由を尋ねると「営業の人が親身に相談に乗ってくれた」、「売り方に好感を持てた」といった声をよく聞きます。それだけ相手に与える印象の影響は大きいということです。

心証の重要性はアウトバウンドに限った話ではないですが、今後のセールスに影響力のあるお客様をターゲットにしている以上、さらなる配慮は重要だと思います。

そしてターゲットにコンタクトできたら、何かしらの形で接点を持つこと。これも大事だと思います。仮に初回のアプローチで進展しなくても、メールアドレスだけは入手しておくなどです。「Marketo」ユーザーの中には、この手法で顧客獲得に成功している例もあります。定期的にメールを配信し、お客様がリンク先を訪れた時点で営業にアラートメールを送るようにしているのです。

アウトバウンドの場合、ターゲットの数には限りがあります。長期視点で見た場合、リサイクルの視点が安定的な顧客獲得に繋がるといえます。

Interview 3

ＩＳチームの躍進をどう見ているか

マーケティング＆インサイドセールスチームとセールスディベロップメントチームという、販売全体のチームマネジメントを手掛ける若きリーダー、西川翔陽氏。冬の不振から5月の急成長まで、ＩＳチームの成長をどのように見ているのでしょうか。

セールス＆マーケティングチーム
ジェネラルマネージャー
西川 翔陽 氏

インサイドセールスの機能とチームメンバーに対する期待は大きい

インサイドセールスへの期待は、組織としての機能とチームメンバーの成長に求めるものに分けられると思います。

まず機能という意味では、圧倒的な営業の効率化です。従来ならフィールドセールスが自分で電話して訪問もしてというのが当たり前でしたが、分業による効率化は圧倒的なものがあるかなと。その成果は、今の時点でも如実に出ています。今回、水嶋さんにアドバイスいただいたことでできたＰＯＤへのチーム移行やアジャイル型の活動改善も、このチームの基盤があることで、短期間で成果を出すことに繋がりました。もっともっと進化していく方向性はありますが、ここまで特化したチームがあることでPDCAを高速に回せております。

そしてチームに求めているものを挙げるなら、3点あります。

1つめは、短期視点でマーケティングや営業の戦略を振り返ることができること。それぞれの施策は、マーケティングキャンペーンが終わるまでとか、リードが入ってから受注が取れるまでと長期的になりがちです。でもインサイドセールスはその途中でお客様と話していますから、戦略の成否や感触などの反応が早い段階で見えます。この景色をメンバーが見ることで1人ひとりが戦略的思考を身に付けていきやすい。

2つめは、マネジメント力を試す場としてのインサイドセールスです。弊社の中でも、おそらくこれだけ同じ空間で、類似度が高い業務を一緒にするのは珍しい。電話しているときの様子や表情を見て、「こうしてみたら?」ってランチタイムに気軽にアドバイスできる。フィールドセールスだと、普段は一緒に過ごせる時間は少なく結局数字や1 on 1のわずかな時間で判断してしまうところがあって、個々のプレーを細かにケアできません。

他社ではインサイドセールスは他の部門で働くための通過点のような見方をするところもあるけれど、実は人と働くことの醍醐味とかダイナミクスが味わいやすくてマネジメント能力が試されるのは、インサイドセールスじゃないかと思っています。

そして、3つめはインサイドセールス自身が「SPEEDA」の価値を体現していくプレーヤーであるということですね。すべての機能を使う組織ではないですが、リードのポテンシャルを瞬時に判断して効果的にセールスするというところで、「SPEEDA」の効果ともいえる意思決定の迅速化と効率的な事業展開ができている。それをお客様に証明する重要な立場だと考えています。

インサイドセールスは、アポイントや契約を増やすといった表面的なところ以上の役割を果たす重要なポジションだと思いますね。

主体的に動けるようになったのはPODとマインドセットの変化

マネジメントに就いてからは、「自分たちで考える」ということをテーマにメンバーとコミュニケーションを図ってきました。安易な手段に走らせず、自分たちで考えて「やろう」と判断した明確な理由があるなら試してみる。それで多少失敗したとしても、失敗から学ぶことはたくさんあります。目先の結果を求めて何も残らないなら、少し先になっても着実に血肉となるルートを選ぶようにしています。

PODを入れてからの数カ月を振り返ると、メンバーの主体性が上がったなと感じます。この点はやはり、グーグルやマイクロソフトなどのグローバルカンパニーで長年インサイドセールスに関わられている、水嶋さんが入られた部分が大きいと思います。スタートアップでしか経験していない若いメンバーにとって、グローバルカンパニーの存在ってピンとこないんですよね。単純に、成長中のカンパニーで「インサイドセールス」っていう何か新しい職種を展開しているみたいな、ともすると刹那的に捉えてしまう。

でも水嶋さんに助言をいただきながら「す

ごいね」と褒めてもらえると、「今やっていることが将来に繋がっているんだ」、「ひょっとしたらどこでも通用する人材になれるかも」って自信になるんですよね。ちょっと調子に乗っているところもありますし、今の時点ではあまり通用しないと思いますけど(笑)。でもその筋道が見え始めているのは確かです。このまま私たちがやり切れるかどうかは、1人ひとりのマインドが大きく影響してくるはずです。

何も下地のないままPODを始めたり「顧客の成功を考えよう」と言ったりしたって、うまくいかなかったと思います。下地というのは、「自分たちで目標を達成していく」、「勝つための手段として、仕組みやツールを活用する」というマインドセット。恥ずかしながら3月の時点では、その手前の段階でした。

まずは質より量ということで、意識的に厳しくプレッシャーをかけていきました。いきなり、アポイントの量的目標を達成することも難しさを感じたので、最初は「午前中の活動量(架電件数)を重点的に評価する」と決め、コンスタントに架電する習慣を徹底させてきました。活動量を上げるとある程度比例し、アポイントを獲得できるのですが、当時のチームを見ていると午後3〜4時頃に活動量も商談量も日次目標に大きくビハインドしていて、そこでモチベーションが落ちる傾向が見えたのです。足腰を固める意味で基礎的な目標設定を最初に行ない、そこから、より高次の目標設定に昇華させていきました。その結果、4月と5月はアポイント設定数の目標値をクリアして、「勝ち癖」をつけることにこだわりました。

勝ち癖をつけるというのは、主体性にも大きく影響すると思うんですね。やっぱり7人メンバーがいると、無意識のうちに周りに任せてしまっていた部分もあったように観察できました。まずは、何をしても結果を出す。そこで初めて、組織的な挑戦をしていく気持ちがついてくる。この土壌があってPODによる権限委譲がうまく加速します。逆に言うと、自分たちでPDCAを回していくんだという気持ちにならないとPODも回せないと思うんです。

今のチームは、全員に**セルフマネジメントの意識が芽生えつつあります**。以前は、月次目標も半ばを過ぎてから焦り始めて、そこで頑張るものの、フィールドセールスの時間が確保できないためアポイント設定がすぐにはできず達成できない、みたいなことが珍しくありませんでした。でも今は、1週目からマーケティングの獲得リードと動向を探って対処するようになってきた。そうした意識の違いが、1月度の1・7倍のアポイント数という、5月の爆発的な結果に結び付いたんだと思います。

マーケティングとコミュニケーションの質が変わった

6月からは量だけでなく質も見ていこうと、ISチームがフィールドセールスと連携を図りながらリードの供給を試みていますが、連動してマーケティングの意識にも変化が見え始めています。

以前はISチームも、今日はリードが多いよね、少ないよねといったレベルでしかマーケティングと会話できていませんでした。しかしそれではマーケティングは対処のしようがありません。それが最近では、体系化できてきていて、フィールドセールスの要望もくみ取りつつ「この領域のニーズ／業界／規模間の企業のリードがもう少し欲しい」、「（フィールドセールスの）このユニットに合わせたリードを供給したい」といった話や、「この週はインターン生含めてインサイドセールスのリソースが潤沢にあるから、リードも通常の週より増やしてほしい」というような具体的なオーダーができるようになってきました。

そうなると「今日リードの数が少ない要因は○○で」と、マーケティングもかみ砕いて説明できるようになってきます。特にオンラインのマーケティングは日々数字と向き合う仕事で、Ｗｅｂサイトやイベントにお越しいただいたお客様の数の改善に重点を置きがちです。組織全体の最適化を進めるためには連続的な改善に加えて、後続プロセスのインサイドセールス、セールス活動のニーズをくみ取りカスタマイズしていくことが重要だと思っています。

７月に入ってからは、ＩＳチームと話しながらマーケティング活動をコントロールするようになって、「ごめん、入れすぎた」、「ブレーキかけすぎた」といったコミュニケーションが見られるようになりました。

クロージングもカスタマーサクセスもできるＩＳチームに

私自身が心掛けているのは１人ひとりが商売人、経営者の視点を持てる組織にしていくということです。ステップとしてのインサイドセールスという考え方ではなく、ここで商売人としての視点を養える最高の経験ができるようにする。

インサイドセールスの業務としての特性を見ると、組織内でもっとも多くのお客様と日々会話ができ、その会話をお客様のことを考え、より良い時間や価値を提供するために調査をする。また、近くの席に座っているメンバーや連携するフィールドセールス・マーケティングチームを見て組織として結果を出していくための方法を考え、挑戦することが重要だと思います。

今後ISチームに期待する役割としては、まずインサイドセールスで受注まで持っていける組織になること。フィールドセールスも不可欠な存在であることは確かですが、フィールドセールスなしにはクロージングできないという段階から一歩前進させたいのが1つ。

そしてISチームの領域を、既存のお客様のフォローまで広げていけたらなと考えています。「SPEEDA」はここ数年プロフェッショナルファームだけでなく、事業会社のユーザーも増えてきました。

この顧客層の広がりに伴い課題となっているのが、事業会社のチャーン（解約）です。事業会社のお客様はプロフェッショナルファームのお客様とは異なり、社内情報収集・コミュニケーションが多い傾向にあり、外部調査にかけられる時間が圧倒的に少ないのです。

その少ない調査時間を高度な意思決定に繋げていけるようにする文化を醸成するのが

「SPEEDA」の役割の1つだと認識しております。おそらく解約されたお客様の中には、「SPEEDA」を使いこなせずに持て余してしまった方々もいらっしゃるでしょう。でもカスタマーサクセスにインサイドセールスのスキルやノウハウを導入できれば、アフターニーズをヒアリングして改善する、あるいはID追加などのアップセルに繋げるようなことができるのではないかと。

　また「SPEEDA」の拡大に向け、グローバルでも通用するインサイドセールスのスタイルを見いだしていければと考えています。

西川 翔陽（にしかわ・しょうよう）

セールス&マーケティングチーム　ジェネラルマネージャー

　2010年大学卒業後、中国・インドを放浪し、ソニーに入社。本社経営企画部門にて勤務後、JICAとのジョイントODAプロジェクトリーダー、メディカル新規事業の戦略立案・オペレーション構築を行なう。2016年より東京大学生産技術研究所にて、先端農業分野の協力研究員に。2017年ユーザベースに入社後、「SPEEDA」のセールスを担当後、マーケティング・インサイドセールスのマネージャーを経て、現在に至る。2011年に世界経済フォーラム主催のGlobal Shapersに選出。

第3章
アジャイルな行動を可能にするユーザベースの組織風土

第2章で紹介した、「SPEEDA」のＩＳチーム。若く経験の浅いメンバーで、かつては言われたことをこなすことで精いっぱいの受け身の状態でした。それが自ら仮説と検証を繰り返し、時に他のチームを巻き込んでいくようなチームへと、意識と行動の変容が見られたのです。それも、わずか数週間という速さですから驚きです。

もともと意欲があり能力の高いメンバーがそろうＩＳチームですから、何かの弾みで急成長する可能性はありました。しかし飛躍のカギとなったＰＯＤがうまく機能した背景、メンバーが新たな試みに果敢にチャレンジする姿勢には、ユーザベースという企業が持つカルチャーや風土が大いに影響していることは間違いありません。

その点について、西川氏はおおむね同意しつつも興味深い発言を残しています。

「確かにユーザベースのカルチャーとPODとの相性の良さ、というのはあるでしょう。**ただ気を付けなければいけないのは、相性の良さという理由だけでPODという仕組みが回ったわけではないということです。**初めに、インサイドセールスが組織全体でどういう位置付けを示すのか、また業務上どのような特性があるのかをチームで話し合いました。加えて『SPEEDA』という事業とメンバー個人が、これから望ましい成長を遂げていくにはどうしていけばいいのかということを自分たちなりに考えて、PODに落とし込んでいった。だから、PODという形で活動できたんだと思います」（西川氏）

この発言が出てくること自体に、ユーザベースらしさを感じずにはいられません。**注目したいのは、「PODという仕組みさえ入れればうまくいく」という発想ではない点です。**私たちは、組織の課題を解決するのに仕組みに委ねることがあります。そのこと自体は間違いではないですが、仕組みはそれを扱う「人」を支える機能でしかありません。人の意識と行動を変えていかない限り、仕組みは機能しないのです。

このことはPODに限らず、SFAやMA、さらにはインサイドセールスそのものにもいえることです。

さらに西川氏は、ＰＯＤが機能した理由を次のようにも述べていました。

「私たちの届けているサービス特性も大きいのかなと感じます。ＳａａＳ型の商材でＬＴＶ（Life Time Value：顧客生涯価値。一社の顧客と取引を始めてから終わるまでの間にどれだけの利益をもたらすかを表したもの）を伸ばしていくというビジネスモデルは、顧客満足が最優先されます。

そのとき私たちに必要とされる行動は、お客様に対しベストな解を提供し続けることです。となると、『アポイントを取るだけ』という考えは弊害になってくる。『SPEEDA』を通じてお客様の困り事をどのように解決できるのか、その糸口を見つけ出してフィールドセールスにパスするインサイドセールスこそが私たちの担う役割だと、ＩＳチームの全員が認識して日々の行動を行なっていくこと、挑戦をしていくことが大切になってきます。

その点については、私たちユーザベースの７つのルールの中に『ユーザーの理想から始める』という逆算の発想があります。そういったことも、ＰＯＤの実践に繋がっていると思いますね」（西川氏）

さて、ここで「7つのルール」という言葉が出てきました。ユーザベースが大切にしている価値観と行動指針を表したものです。

今の時代、ビジョンやバリューを掲げている企業は珍しくないでしょう。しかしユーザベースの場合はそれで終わりではありません。日頃の業務で7つのルールを判断のよりどころにしていますし、私もISチームのメンバーと話をする中で何度もルールを耳にしました。自由な企業文化を成り立たせる上で、欠かせないものであり当たり前の存在なのです。

ここで7つのルールがどのようなものなのか、紹介しましょう。

〈7つのルール（7 RULES）〉

1. 自由主義で行こう
2. 創造性がなければ意味がない
3. ユーザーの理想から始める
4. スピードで驚かす
5. 迷ったら挑戦する道を選ぶ
6. 渦中の友を助ける
7. 異能は才能

ここではそれぞれを詳しく解説しませんが、7つのルールを守り自分がやると決めた目標に責任を全うできるのであれば、仕事の仕方は個々人に任されています。服装は自由だし、メンバー同士をニックネームで呼んでもOK、勤務体系1つとっても場所や時間の制約はありません。チームごとのローカルルールはありますが、最大限のパフォーマンスを発揮する働き方を自分で決めるのです。

例えばフィールドセールスの伊藤氏は、マネージャーでありながら週に2日しか出社しないことも普通だそうです。

「定例会議は月曜と金曜の午前中に固めていて、それ以外は特別なことがない限り出社していません。毎日自宅から、直接お客様のところに訪問しています。それでも週に1度はメンバーと会いますし、Slackで頻繁にコミュニケーションしています。ベースとなるところの戦略や信頼関係をしっかりと築けているので、特に問題はありません」(伊藤氏)

自分のペースを貫いているように見える伊藤氏ですが、時にはISチームがオーバースペックになりそうなときは部署を超えてサポートしています。その行動は、まさにルール

6の「渦中の友を助ける」に当てはまります。

そしてISチームには、「ユーザーの理想から始める」というユーザーベースの真摯な姿勢に強く共感し、仕事に打ち込むメンバーがいます。それはPOD－Aのメンバーである、路星《ろせい》氏です。路氏は前職の金融機関に勤めていた頃、カスタマーや社員よりも、「組織ファースト」の仕事の進め方に違和感を抱え続けていたといいます。

「前職では、支店で為替の信用取引を担当していました。お客様の資産運用のはずが、会社の収益を上げるための運用になっていた部分があって、葛藤の日々だったのを思い出します。『どのように解決するか』をみんなで考えることよりも、『仕事を増やしてすみません』とおわび行脚をすることが良好な関係を築く上で重視されていたのです。

でもユーザベースでは、本当にお客様のことを考えて仕事に臨むことができます。そもそも『SPEEDA』自体が、お客様目線でつくられたサービスですし。個人に目標指標が与えられコミットが求められるけど、みんなで助け合う風土が根付いているから孤独にならない。かえって達成しようと、一生懸命になれます」（路氏）

ちなみに路氏は、4月に足を負傷し絶対安静の状態に。それでも路氏は仕事を休みませんでした。４月から６月は自宅勤務に切り替え、リードとのコミュニケーションを継続。ミーティングはオンラインで参加していました。

肩書でなく実力を見る、徹底したフェアネス

７つのルールの最後にある「異能は才能」という項目は、人種や宗教、性別、性的志向の違いを認め合い、互いに尊重するダイバーシティの考えに基づくものです。立場や肩書などにとらわれず、個々の能力や本人の意思を尊重しながら仕事のアサインを決めていきます。

「ユーザベースは、個のタレントを組織の力に繋げたいと考えている会社です。それにはフェアネス（公平）な組織カルチャーが重要ですし、１人ひとりの能力を発揮させるフィールドをきちんと整えてあげることが求められます。それは正社員だろうとインターンだろうとアルバイトだろうと、雇用形態は関係ありません」（西川氏）

若い組織ということもあり、旧来の日本企業が持つ固定観念に縛られていないということもあるでしょう。例えば女性社員であっても、自分の性別がキャリアに影響していると

感じることはほとんどないはずです。

また会社側も、子育て中の社員がどうすれば100%に限りなく近いパフォーマンスを発揮できるかという観点で、現役ママ社員と一緒に支援策を考えています。また男性社員でも、子育てに積極的な人もいます。例えば先ほど登場した伊藤氏は、お子さんを保育園に送るのが朝の日課です。

タレントを重視した配置といえば、インターン生でありながらPODリーダーを務める勝山氏抜きには語れないでしょう。Part 2第2章での1 on 1の取り組みにもあるように、彼は自分の役割と真摯に向き合い、論理的に考え、小さな工夫や改善を繰り返しながら課題を克服してきました。

そうした仕事の進め方が、評価されたのでしょう。勝山氏は2018年の8月から、シンガポールにあるユーザベースアジアへ、毎月1週間程度のペースで出張することになりました。シンガポールでは、インサイドセールスがマーケティング、フィールドセールス、カスタマーサクセス部門と連携を図れるよう、「Salesforce」も取り入れながら業務改善と環境整備を進めていく役割を担います。

個々の成長を、組織の成長に繋げる。これをシンプルに、そして愚直に取り組むのがユーザベースなのです。

オープンコミュニケーション

そしてフェアネスを支えるユーザベースの特徴的な文化が、「オープンコミュニケーション」です。ここで言うオープンコミュニケーションとは、徹底した自己開示と事実に基づく直接対話です。小さな疑問もそのままにせず、思ったことは率直に話すこと、そして噂や周りの意見をうのみにせず、本人に事実を確かめて、必要があれば徹底的に対話の場を持つことを大切にしています。

「いい意味で社員もインターンも区別がないので、インターン生から社員に物申すということもよくありますし、むしろ大歓迎です。オープンにすることで、逆に感情面のわだかまりが生じにくいのかも。みんな仲が良くて、メンバーシップを築きやすい気がします」（内山氏）

今でこそオープンコミュニケーションに親しむ内山氏ですが、入社したばかりの頃はすごく戸惑ったといいます。

「直接話すこともあれば、Slack でいろんな意見が飛び交うことも。実は前の職場では、個人情報の観点からメールも禁止されていました。テキストのコミュニケーションは、会話に比べてきつい印象になりがちです。だから最初の頃はここまで言ってもいいものかと気を使ったし、指摘を受けると怒られているように感じました。何か悪いことでもしたんだろうかと深く考えてしまい、悶々《もんもん》とすることもありましたね。言葉をその意味のまま受け止められるようになるまでは、ちょっとつらかったです」（内山氏）

オープンコミュニケーションに戸惑ったのは、内山氏だけではありません。POD－Bメンバーの佐藤武沙志氏は、表面的にオープンに接することはできても、自分の弱さを認め、ありのままの自分を出せるようになるまで、もがき苦しんだといいます。

「前職の外資系ECサイトでは、アウトバウンドコールの仕事をしていました。企業向けセミナーの勧誘をしていて、社内で表彰されるだけの成績を残していたんです。それで『SPEEDA』のISチームでもやれるって思っていたのですが、ナーチャリングがポイントとなるインサイドセールスは勝手が違いました。前職と同じやり方では、受注はおろかアポイントに繋がらないんです。設定目標にも7割ほどしか到達できず、とてもへコみました。

目標未達なのも嫌ですが、そこから素直になれない自分がとてもつらかった。前職では、目標設定も自己アピールの機会。やり方次第で狙えそうな目標ではダメで、悪く言えば多少のハッタリも必要でした。だからユーザベースに来ても、結果が出ないことに納得がいかなかったし、本当の俺はもっと違うって気持ちがあった。半年ほど目標未達の状態が続き、それで西川とも『1人のプレーヤーとして、結果を残せるようになろう』と話し合いました。

転換点となったのは5月ですね。ホワイトペーパー経由で来るリードを狙って、アプローチするようにしました。前職でいろんな企業と接点があった分、お客様の課題や『SPEEDA』が提供できる価値をうまくマッピングできるところもあって。インターン生があまり得意でない領域ということもあり、ようやく自分の強みを発揮できるところが見つかった気がします。今は獲得アポイント数が1位になることもあるんです」（佐藤氏）

内山氏や佐藤氏の証言からは、オープンコミュニケーションのいい面ばかりでなく、実践の難しさをうかがい知ることができます。しかし内山氏は、「慣れてしまったら、以前のコミュニケーションには怖くて戻れない」と話します。余計な気兼ねが必要なく、仕事に集中できる上、決断のスピードも速くなるからです。
率直なコミュニケーションで信頼を築くことが、贅肉のない筋肉質な組織づくりに繋がっているのです。

業務は引き継ぐけど方針は引き継がない

6月に、西川氏と1on1をしている時でした。ISチームの下半期について、西川氏から粟野氏への引き継ぎの話をしていたところ、西川氏から印象的な言葉を耳にします。
それは、「業務は引き継ぐけど、方針は引き継がない」という、ユーザベースの考え方でした。

「成長期の企業は一定のところまではプロダクトの強さで押せるけど、それ以上になると結局人の力になってきます。仕事を誰かに引き継ぐということは、自分とは違う領域の伸びしろを期待しているということ。方針まで引き継ぐと、後任の強みが生きてこないのでやり方は任せています。

この考えは、トップも同じです。経営から現場に下りてくるときに、こちらのやり方を尊重してくれます。確かに今、セールスは数字が出ていないのでそこは指摘されていますが、課題意識がそろっているのでやり方は任せると。『自分だったらそんな方法は思い付かなかった』って言ってくれています」（西川氏）

西川氏によれば、課題意識の部分で十分に擦り合わせができているから、自由にさせてもらえているといいます。目標と現状とのギャップ、また将来的なビジョンという組織を動かす根幹のところでの目線合わせは、しっかりと丁寧に進めるのが基本です。

一方、西川氏から業務を引き継いだ粟野氏は、どのように受け止めているのでしょう。

「今はフィールドセールスとの兼任ですが、基本的にリーダーとしての権限もパスされています。西川のところに来た相談も、『これはかっちゃん（粟野氏のニックネーム）に投げて』って言っているようです。彼のほうから判断・実行を任せているという意思表示をしてくれている感じですね。

西川からしたら、今の私には少し難しいことでも、任せることで私の成長になると考えている部分があると思うんですね。だから私は、どんどん経験を重ねていくことが大事ではないかと。もちろん西川とは定期的に1 on 1もしていますし、随時Slackでコミュニ

ケーションを図っています。だから丸投げされているという感じとは違います」（栗野氏）

そして栗野氏自身も、メンバーに任せることが、チームの成長に繋がると感じており、ＩＳチームの基本的なオペレーションは各ＰＯＤリーダーである内山氏と勝山氏に一任しています。そして1on1ではメンタルケアを重視し、彼らのストレスを取り除くことを意識しているそうです。

「任せてもらえている」という実感は、人を成長させるもの。ユーザベースでは、やりがいを生かしたマネジメントが徹底されているのです。

バリューフィットを重視する

ところで7つのルールをはじめ、フェアネスやオープンコミュニケーションが容易ではないことは、想像に難くないでしょう。また自由であることは、同時に自立と責任を試されるということ。結果オーライとは、まったく意味が異なります。

「セールスを展開する上で、収益目標と結果とが合致するかは重視するポイントの1つです。言い換えれば、『たまたま』をいかに排除すべきか、自分たちが狙ったところにきちんと着地させるかということ。もし思っていた以上に利益が出ていたら、それは投資のタイミングが遅いということなので、反省すべきだという考えなんです。『たまたまラッキー』はないんです。いかにコントローラブルに計画を達成させていくかを、重視する会社ではあります」（粟野氏）

しかし、組織や事業の規模が大きくなればなるほどルールを逸脱する、つまり自由を奪ったり保守的な態度をとったりするリスクが高まるものです。

ユーザベースの人々は、そのことをよく理解しています。ですから同社では人材を採用する際に、能力以上にその人自身の価値観を重視するといいます。

「1人ひとりがミッションを持って主体的に動く組織なので、7つのルールに即したメンバーが多いですし、自然とそういう環境になっているところはあります。

どうしてそうなるのかといえば、やっぱり採用という入り口のところで、いかにバリューにフィットしているかを最優先しているからだと思います。優秀かどうかということよりも、7つのルールに共感できてマッチしている人。そこはこだわっています」（粟

野氏）

　バリューフィットを重視して人材を採用していることは、既にインタビューに登場した相羽氏やこの後本章の最後に登場する代表取締役社長（共同経営者）の稲垣裕介氏も同じように語っています。

「組織は人なり」という言葉があります。組織に集まる人、1人ひとりの価値観や考え方、行動の背景がその組織の空気をつくり、文化をつくり、そして事業をつくっていきます。事業や仕組みが組織をつくるわけではないのです。

ISチームのこれからとそれぞれのキャリアパス

「SPEEDA」のセールス部門は、最終的に2018年の上半期の目標に到達することができました。スタートダッシュは出遅れたものの、後半で巻き返しを図れた模様。それぞれのチーム努力の成果があってのことですが、ISチームの躍進が牽引した部分もあるはずです。直近の10月においては、3〜5月期平均の1・7倍の商談を達成されインサイドセールスチーム創設以来の記録を出しました。

そして下半期から来年にかけ、「SPEEDA」はさらなる成長目標を掲げています。その戦略は、新規契約を増やすだけではありません。既存ユーザーの「SPEEDA」による成功体験の機会を増やし、契約の継続や追加を強化していこうと考えています。

この戦略からは、ISチームの存在が今後ますますカギとなることが予想されます。入り口に近いところで、顧客の将来性と「SPEEDA」とのマッチングを目利きする重要なポジションだからです。また売上を伸ばすとなると、これまで以上に営業活動のスピード化が求められます。リードタイムの短縮には、ISチームの活躍が不可欠。今までよりも早い段階で、リードとの信頼関係を構築する必要があるからです。

これらを踏まえると、今後ISチームはさらに一層のレベルアップが求められるでしょう。商品知識に顧客理解はもちろんのこと、傾聴力や話し方のスキルに経営企画やファイナンス視点の提案力、さらにマーケティングやフィールドセールス、そしてカスタマーサクセスなど各部門との連携を深めて、戦略的なセールスを展開できるだけの力など、めざそうと思えばいくらでも高みを見ることはできます。

しかしながら、ISチームは次の成長フェーズに向けて動き始めています。Part 2第2章で紹介したフィールドセールスとの連携やBANT+C取得の試みも、その1つでしょう。さらにインサイドセールスで受注まで手掛けることや、アウトバウンドリードへのアプローチも検討し始めています。

ところでＩＳチームのこれからは比較的明らかなものの、ＩＳチームに所属するメンバーのこれからは、どう描くべきでしょうか。つまりキャリアパスについてです。

Column で登場するセールスフォース・ドットコムや Part 3で紹介するＨＥＮＮＧＥのように、インサイドセールスはフィールドセールスデビューへの登竜門とする会社は少なくありません。しかしユーザベースでは、相羽氏や西川氏のインタビューにもあるように、インサイドセールスという部門自体が組織で高く評価される存在にあるはずだと、可能性を感じている人たちもいます。

ユーザベースでコンサルティングを始めた当初、私はセールスフォース・ドットコムほど具体的ではなくても、一定のキャリアステップをつくることを考えていました。そのほうがＩＳチームでどのような実績を積めばよいかがクリアになり、意欲や目標管理の面でメリットが多いと感じたからです。またインターン生にも、ここでの経験が将来どのような場面で役立つかを明示できます。

しかし内山氏との１on１でキャリアパスの話をした時、内山氏はそのやり方に難色を示したのです。

「独特な考え方だと思うんですけど、ユーザベースって『その人がどう生きたいのか』というのがまず先にあって、その上で会社という場をどう活用していくかという発想なんです。『どう生きたい』の先は部署異動でもいいし、他社への転職という選択肢もあり得ます。だから1番は何がしたいかを言ってもらう。そして、したいことに合わせて背中を押すというか、未来に繋がる機会を提供する。それが2番目。キャリアパスの仕組みをつくるのは少し違うのかな……と感じます」（内山氏）

このひと言を聞いて、ユーザベースでは道筋をつけるやり方は合わないことに気づいたのと同時に、この会社の懐の深さに感心しました。会社とそこで働く人たちがエンゲージメント（貢献し合う関係）で結ばれていることを理解したからです。それは、将来を保証する代わりに組織への忠誠を義務とする旧来型の雇用契約とはまったく異なるもの。だからユーザベースでは、それぞれが自立して仕事にコミットできるのだと感じました。

第3章まとめ

「SPEEDA」のセールス部門は、最終的に2018年上半期の契約数の目標を達成することができました。

私の提案した「POD」という仕組みがどれだけ貢献したのかは、明確に数値として出せるものではないですが、ある程度の寄与ができたのは間違いありません。

ただ、本書で何度も述べていることですが、読者の皆さんに勘違いしていただきたくないのは、ただ単に「POD」を取り入れるだけで、インサイドセールスがうまくいくわけではないということです。これは、SFAやMA、さらにはインサイドセールスそのものにもいえることです。

時代の変化に合わせて、素早い意思決定をし、アジャイルに改善を繰り返すために、「POD」という小さなチームを推奨しているわけですが、それにはまず「現場に任せる」姿勢が欠かせません。ユーザベースほどの自由主義でなければいけないとまでは言いませんが、マネージャーの管理が強すぎては、「POD」のもともとの目的は果たせません。このことは、「業務は引き継ぐけど、方針は引き継がない」という西川氏の証言から、大いに学ぶところがあります。

そして、この簡単なようで難しい「現場に任せる」を実現するためには、土台として

「フェアネス」の文化が必要です。「肩書」、「年齢」、「性別」などで人を判断していては多様性が生まれず、変化への対応が遅れてしまいます。

さらに、「フェアネス」を支えるものとして「オープンコミュニケーション」が大事なことを我々はユーザベースの事例から学びました。アイデアが言いづらい雰囲気では多様性など生まれるはずもありません。また、「現場に任せる」を実現するために、ベースとなるところの戦略や信頼関係はしっかりと築く必要があり、その意味でも「オープンコミュニケーション」は欠かせません。

ただ、「現場に任せる」ことは放任することとイコールではありません。個々人の良さを最大限生かしつつ、ケアする方法として1on1も私は推奨しています。

本書はインサイドセールス成功のための「抜本的な」解決策を示すことをめざしています。簡単ではありませんが、仕組みだけではなく、文化も大事というのは、私の20年の経験から痛いほど感じており、ここまで示すことが本当の解決策なのです。

Interview 4
ユーザベースが自由を大切にする理由

ここまで7つのルールをはじめ、ユーザベースの組織風土や大切にしている価値観を紹介してきました。ところでユーザベースでは、なぜ自由な雰囲気やオープンコミュニケーションを重視するのでしょう。その理由を、ユーザベースの創業メンバーであり、「SPEEDA」の現トップである稲垣裕介氏に話を聞きました。

ユーザベース 代表取締役社長（共同経営者）
稲垣 裕介 氏

ワーキングマザーしかワーキングマザーの気持ちにはなれない

ユーザベースという組織を語る上で、「自由」はキーワードの1つです。

私の感覚では意味のない決まりや無駄な常識を排除した結果、自由が残ったという感じです。

私の前職がエンジニアだったこともあるかもしれません。エンジニアは朝に必ず出社したり、みんなが1つの場所に集まって作業したりする理由がなかったし、夜中の作業や現場移動も多い職種でした。実のある開発ができるように、お互いが自立して自由に意思決定する柔軟なチームづくりに当時から取り組んでいたので、それが原体験となっているかもしれません。

人材の登用も同じです。インターンでも契約社員でも、男性でも女性でも関係ない。これだけ多様化が進んでいる中で、雇用形態や属性に固執しているのも機会損失にしかならないと思っています。

優秀な人材を集め、それに見合った評価をする。

社内にはフリーランスのエンジニアやインターン生が活躍するチームもありますが、まったく違和感はありません。むしろ「めちゃくちゃいいじゃん」って思っています。

組織運営においても、ダイバーシティを重視しています。「SPEEDA」のマネジメントもそうです。

例えば営業メンバーだけで固まると、売ることの発想に固執しがちです。だけどデザイナーが入ると、「SPEEDA」としての統一感やユーザビリティの充実を図ることでの強化を考えるようになる。強度のポイントが異なる人たちが集まることで、プロダクトの幅は広がってくるはずです。

こうした発想は、当事者がいて初めて成り立ちます。例えばワーキングマザーの気持ちを理解することはできても、私自身は同じ気持ちにはなれません。

ワーキングマザーの発想をプロダクトに生かすなら、彼女たちを組織に迎え入れるのがいちばんです。

当社でも、子育てしながら働く女性社員が近年増えてきました。そこで私は最初、社内に託児所があればいいんじゃないかって考えていたんです。

ところが当の本人たちからは「通勤ルートに子どもを連れて歩くのは嫌だ」と、あっさりと却下されてしまった。確かにそれはそうだなと。しょせん、他人が考えることってそんなもの。であれば本人と一緒に考えたほうがいい。

それで今は、実際にワーキングマザーからあった提案をもとに、無認可の保育所に子どもを預けている社員を対象に、費用の差額を補塡《ほてん》する「保育料補助制度」を運用しています。

認可保育所の選考に漏れてしまって、無認可になると保育料が高額になるので、仕事を辞めるしかないと思っていたそうですが、それは会社にとっても大きな損失です。そこで彼女たちが思い切って働けるサポートを用意することになったのです。

疑いをなくすことで機動的になる

なるべく現場に任せ、マイクロマネジメントをしないというのは、創業当時の自分たちの経験があるからだと思います。梅田（優祐氏）と新野（良介氏）と私3人の経営者がいるということは、行動量が3倍になる。ならばそれが機能するように、信頼関係を築いていきましょうということです。

2013年につくった7つのルールも、ルーツは創業時から大切にしてきた私たちの価値観にあります。核にあるのは、ただひたすらに疑いをなくすということ。私たちも最初の頃はギクシャクすることがありました。私はシステム開発するのに家でずっと作業していて、片や梅田は朝から出社して電話に出て訪問の毎日。すると「あいつ、何で会社来ないんだよ」とか「お前はシステム見てないじゃん」とか、些末なことで疑いを抱くわけです。

結局疑い始めればいくらでも疑えるし、逆にそうでなければいくらでもお互いが機動的になれる。ですから**疑いの解消がすごく大切で、それには性善説に基づいて、違和感なく本当に信じられる状態まで会話することがすべてだと思っています。**

それが、オープンコミュニケーションにも繋がっています。

7つのルールは社員数が増えてきて、飲みに行って価値観を語り合うようなレベルでは限界がきてしまったところでつくったのですが、こちらが驚くほどきちんと浸透しました。

ところが一方で作用しすぎた側面もあって、7つのルールやオープンコミュニケーションに縛られ、かえって窮屈に感じてしまう場面も出てきたのです。また、海外のメンバーに対しては、日本語をそのまま英語にするだけでは、違ったニュアンスで伝わることも。

それで7つのルールをかみ砕き、奨励する行動（DO）と避けたい行動（DON'T）を示す「31の約束」という冊子をつくりました。

ユーザベースの価値観が組織に浸透しているのは、採用の入り口でバリューフィットを見極めているからだと思います。人材不足で困っていると、すごい能力の人がいたら採りたくなるものです。それでもバリューが合わなければ、「NO」と判断する。これを徹底しています。

それから複眼で見ることを大切にしていて、採用までに10人の社員と会うことも珍しくありません。

時間が許す限りいろんな人と会えれば、私たちの文化も多面的に伝わるでしょうし、こちらもいろんな視点で応募者の個性を知ることができます。

ちなみに複眼で見ることは社内でも同様で、人事評価は全員を360度評価の対象にしています。時に言葉が率直すぎて、表現を工夫する、匿名性を持たせるなどの配慮が必要なこともありますが、1人ひとりがいい点、改善点を具体的に示すことができていますね。

新たな市場では人の知見による営業が生きる

「SPEEDA」に戻ってきたのは、実は1年ぶりです。2017年は一旦「SPEEDA」のマネジメント業務を離れて、ニューズピックスのほうに注力していました。

そのタイムラグがあって改めて営業を見ると、かつてに比べたら生産性がかなり上がった印象を受けています。

創業当時は梅田や新野が月に5ＩＤの契約がやっとだったところ、今はトップレベルのフィールドセールスになると、月に10ＩＤを超えて契約を取ってきます。

サービスが向上した部分もあると思いますが、どれだけのコストをかければどれくらいのリードが取れるのかといったことも見える中で、組織レベルでのセールスの仕組みやオペレーションが確立されている証拠だと思います。

実際に1人ひとりと話をしても、組織がいい状態にあると感じていて、今は安心して任せています。それができるのは、西川を中心に計画に対する進捗をきちんと見せてくれ、問題があるときはその理由や合理的な解決策をきちんと提示してくれているから。

状況に応じて先手を打ちながら対策を図っていく思考や行動ができているので、細かいことはもう指摘しなくてもいいなと思っています。

「SPEEDA」はここ数年、事業会社からのニーズが高まっています。事業分析や情報収集というのは、これまでコンサルティングファームや投資銀行などが中心で担ってきました。

今後もっと事業会社の方々が自分たちで手軽にかつ適切な形で経済情報を分析し、その情報を基に意思決定するようになってくるはずで、「SPEEDA」はそこに伸びしろがあると思っています。

それには2つの方向性があって、事業会社の方々の情報リテラシーをより高めていくこと、そしてユーザビリティに長けたプロダクトを届けていくことが挙げられます。そして「SPEEDA」は、その両方をお客様に届けることができます。

ユーザー向けのイベントや勉強会などの研修制度を充実させて、そこで得た情報をサービス開発にも生かしていく。それを積み重ねていくと、今度はスマートフォンで市場分析ができるサービスなど、すべてのビジネスパーソンに向け、情報に基づく意思決定ができるようなプラットフォームを届けられるようになるはずです。

「SPEEDA」の進化は、さらに新たな市場を切り開くポテンシャルがあると信じています。

そうした未来を想像すると、営業における「人の力」はますます重要になってくると考えます。

新たな市場が生まれるところには、新たなテクノロジーが必要とされます。そのテクノロジーを生かして人と企業を繋いだり、人と人を繋げたりするときに頼りになるのは、やはり人の頭の中にある知見です。知見を生かす人間味溢れるインサイドセールスチームが、「SPEEDA」の価値をさらに上げてくれると信じています。

稲垣 裕介（いながき・ゆうすけ）

1981年生まれ。埼玉大学工学部電気電子システム工学科卒業後、アビームコンサルティングに入社し、テクノロジーインテグレーション事業部にて、プロジェクト責任者として全社システム戦略の立案、構築、金融機関の大規模データベースの設計、構築等に従事。豊富なシステム技術の知識、経験を基に株式会社ユーザベースを設立。2017年よりユーザベースの代表取締役に就任。「SPEEDA」日本事業CEOも兼務。

Inside Sales

Part 3

インサイドセールス
先進企業に聞く
営業組織と育成の正解

知見を共有し運用のレベルを高める「インサイドセールスナイト」

ユーザベースを訪れたある日、西川氏からある相談を受けました。

「僕たちユーザベースの他に、複数のインサイドセールスに取り組む会社が集まって、コンソーシアムをつくっているのですが、今度のイベントに登壇していただけませんか？」

インサイドセールスに取り組む企業同士のネットワーキングといえば、セールスフォース・ドットコムやマルケトで行なわれているユーザー会が代表的です。しかし企業の垣根を越え、市場全体のインサイドセールスの普及とレベル向上を図る取り組みを主体的に行なっていると聞き、とても驚きました。

コアメンバーは西川氏をはじめ、ＨＥＮＮＧＥの水谷博明氏、ベルフェイスの西山直樹氏、そしてマルケトの弘中丈巳氏ら、自らの職場でインサイドセールスの立ち上げや運営に携わっている面々。インサイドセールスに関心のある人や実際に運用している人たちに向け、「インサイドセールスナイト」というイベントを行なっているといいます。

そこで２０１８年7月17日、「6社のマネジメント現場から見えたインサイドセールス概論」と題し、ゲストスピーカーとして登壇しました。参加者の事前アンケートから興味関心の高いトピックを中心にポイントを解説し、後半にはコアメンバーの皆さんにもご登壇いただいてパネルディスカッションを実施しました。

イベントの準備や当日のディスカッションを通じて見えてきたのは、パネリストの皆さんの会社での取り組みの、なんと先進的なことか！　さすが、「日本のセールスの仕組みを変革したい」というだけあります。

インサイドセールスの導入から実際の運用まで、小さな改善を繰り返しながらそれぞれの会社に合ったやり方を見いだしていました。

これは読者の方々にもぜひお伝えしたい！　そこでそれぞれに、改めて取材を申し込みました。

「インサイドセールス普及のためなら」と、快く引き受けてくださったインサイドセールスナイトの皆さん。運用で工夫したところ、苦労したところなども赤裸々に語っていただいています。ぜひとも参考になさってください。

〈Case 1〉
ISとFSのコンビで、長いリードタイムを乗り切る

株式会社HENNGE
デジタルインテリジェンスセクション
セクションマネージャー
水谷 博明 氏

水谷博明氏は、HENNGEでインサイドセールスチームの立ち上げに尽力。今となっては天職だと語るほど、インサイドセールスの奥深さの虜になった1人です。しかし何を隠そう、水谷氏自身にもかつては「足で稼ぐ」営業マン時代があったといいます。営業とマーケティング、双方での経験を生かしつつ、インサイドセールスの仕組みをつくり上げていったプロセスは必見です。

初回訪問後にインサイドセールスが本領発揮

――会社の概要を教えてください。

クラウド・セキュリティサービスを中心としたＳａａＳ企業で、設立は１９９６年です。主力サービスに「HDE One」という、G Suite（グーグル）や Microsoft Office 365 などといったクラウド型のアプリケーションやグループウエア向けの、クラウド・セキュリティサービスがあります。

――「HDE One」の主要顧客は、どのような企業ですか。

エンタープライズ（大手～中堅企業、官公庁）向けの商材ということもあり、ある程度の規模を持つ企業が中心となります。ポイントとなる基準は、社員数が２５０人以上であること。この基準を満たす企業は全国におよそ1万４０００社あり、その中で G Suite や Microsoft Office 365 を使っているところが対象となります。

セキュリティは会社を守るものであり事業を発展させるものではないですから、事業部門の担当者や経営者は必要性を理解しても、それほど高い関心を示すわけではありません。ですから社内のシステム管理を担う部門に、アプローチします。

――社内のインサイドセールスの位置付けを教えてください。

インサイドセールス担当は現在4人いて、セールスの配下にあります。対してフィールドセールスは20人いるのですが、そのうち4人がインサイドセールスとペアを組んで、営業活動に当たっています。**ペアを組んだフィールドセールスとインサイドセールスは運命共同体の関係です。**

――セールスの流れはどのようになっているのですか。

問い合わせというのはほとんどなく、基本はアウトバウンドです。先ほど申し上げたターゲットとなる1万4000社の代表番号へ電話をかけるというのが、最初のステップです。

このときは初回の訪問アポイントを取ることが重要で、電話越しではよくわからないことも多いため、アポイントが取れた場合はすべてフィールドセールスが訪問します。相手先も一応話は聞くけれども、それほど興味がないということがしばしば見られます。そうした空気感も含めてフィールドセールスは情報を集めて、社内に持ち帰ります。

そしてフィールドセールスは、ペアを組むインサイドセールス担当に各社の状況をフィードバックします。「これは案件化する気配がない」、「時間をかけて温める」など、訪問先企業をターゲット外にするかあるいはリサイクル対象とするかをジャッジするのです。その後インサイドセールスはリサイクルリードの状況を見て、適切なタイミングでアプローチを仕掛けます。

「HDE One」はリードタイムの長い商材で、クロージングまで半年から1年かかることも珍しくありません。ですからインサイドセールスが、継続的にコミュニケーションを図ることが大切になってきます。これこそが、当社のインサイドセールスの真骨頂です。

――具体的にはどのようなことをするのですか。

　基本は電話を通じたやり取りです。メンバーによっては、メールを使う人もいますね。訪問時に再度連絡を入れると約束した時期や、先方が当社のサイトに訪問したタイミングで電話をかけ、ヒアリングを重ねたり商材を提案したりします。インサイドセールスは、フィールドセールスと一緒に「訪問時にこんなことを話していたから、○○の角度からトークを展開しよう」など、リードごとに戦略を立てています。そのため相手の状況に合わせて、柔軟に対応していきます。

　この段階でポイントとなるのは、G Suite や Microsoft Office 365 を導入した、あるいは導入を検討しているといった情報をキャッチアップすること。これが商談化に大きく関わってきます。そしてリードが十分に温まった状態で訪問アポイントを取り、フィールドセールスに再び引き継ぎます。この間も随時フィールドセールスと連携を取りながら進めていく感じです。

立ち上げ期はマーケティング部門で仕組みを確立させた

――インサイドセールスチームは、どのような経緯で発足したのですか。

先ほど、当社の場合はリードタイムが長いという話をしました。半年なり1年なり、クロージングまでのコミュニケーションもセールスの重要な役割です。**けれどもフィールドセールスは、やはり目先の売上が気になりますから、リードを温めるという活動がなおざりになりがちでした。**

そしてもう1つの課題に、情報マネジメントがありました。**リード管理をフィールドセールスに任せてしまうと、大切な情報が〝担当の頭の中〟だけにとどまることになり、社内に蓄積しなくなってしまいます。**リードやセールス活動の情報はマーケティング戦略を図る上でも貴重な存在ですし、何より〝勘と経験〟に頼るセールスは機能的ではありません。これはまずいと危機感を覚え、情報のところをケアできる組織や仕組みをつくろうと、2015年頃にインサイドセールスを立ち上げることにしました。

――最初は何から始めたのでしょう。

試験的に、アウトソーシングでインサイドセールスを取り入れることにしました。最初から社内で内製化しようとすると、アサインされた人の評価や育成をどうするかなど、負担が大きすぎると感じたためです。まずは社外で試してみて、社内運用のマッチ度や適正な数値目標を検証しました。委託先には訪問アポイントを取ることから初回訪問までを依頼しました。インサイドセールスを本格導入した場合、どこまでをインサイドセールスが担うべきかを見極めるためです。

結果、インサイドセールスが機会損失を埋めるのに効果があると判断し、内製化を決めました。アウトソーシングではなく内製化することにしたのは、お客様の状況判断や商材の細かい部分での特性把握など、私たちのカルチャーを踏まえたセールスを展開するには、やはり社内の人材が最適だとわかったからです。

――内部にチームをつくるにあたり、どのようなことを工夫しましたか。

最初はデジタルマーケティング部門の中に立ち上げることにしました。インサイドセールスという新しい文化を社内に取り入れるには、仕組みの構築や評価の設定、人材育成の体系化などを整備する必要があります。そういうことは営業よりもマーケティングのほうが長けているからです。

――マーケティングのほうが制度化は得意だと。

かつては新卒人材が営業に配属されると、ＯＪＴ（On-the-Job Training）で育成していました。でもそれだと、成長スピードが遅いんですよね。なぜかというと、やはり営業は外回りが基本ですから接点を密にした教育が物理的に難しい。また、勘で動くところもあるので「何となくだけど、あの取引先なら契約を取れる」みたいな、曖昧な指導になりがちなんです。

それにインサイドセールス自体がマーケティングから派生した分野なので、仕組みづくりはマーケティング主導で進めたほうがいいと判断しました。

フィールドセールス育成機関としてのインサイドセールス

――育成はどのようにされているのですか。

当社のインサイドセールスは、将来フィールドセールスに行くための教育機関という位置付けです。そのため新卒や第二新卒、あるいは営業出身だけれども別の業界だったなど、経験の少ない人材が多いという特徴があります。メンバーはインサイドセールスにいる段階で、セールスマインドを身に付けていきます。そうした理由もあり、今はセールス部門にインサイドセールスを配置しています。

インサイドセールス担当がフィールドセールスに移るまでの間は、スキル別にレベル分けをしています。いちばん初めのレベルは、テレアポができるようになること。次のステップは、リスト化された会社の代表電話にかけて、担当者と話をして初回訪問のアポイントを取れるようになる。その後、ようやくフィールドセールスとペアを組んで、最後は連携を図りながら業務を進めるレベルに到達します。

それぞれのレベルで必要なスキルや能力を明確に設定し、ロールプレイングなどの教育カリキュラムを受けながら達成していくことで、段階的にレベルアップしていきます。後半になると、商材のデモンストレーションができるなど、フィールドセールスのスキルに近づいていきます。インサイドセールスを卒業する頃には、いきなり訪問先に出向くことになっても最低限フィールドセールスとして機能するだけの知識や経験を身に付けた状態になっています。

――将来的にはフィールドセールスになることが前提なのですね。

当社のインサイドセールスの場合は、オペレーターのような単純な会話ではなく、最終的に〝売りに行く〟という意識の下お客様とコミュニケーションを図る必要があります。それは、お客様の状況を確認するとか情報をヒアリングするといった役割にとどまらず、フィールドセールスに繋げて商談化するために、自分が今何をすべきなのかを考えながら行動するということです。

ですから採用の段階で、セールスマインドの部分は重要視しています。

――先ほど「インサイドセールスとフィールドセールスは運命共同体だ」とお話しされていました。ペアを固定する仕組みにしたのはなぜでしょう。

実は1年ほど前まで、インサイドセールス1人につき複数のフィールドセールスを充てる方法をとっていました。ところがフィールドセールスは我の強い人が多いというか、属人的なところがあって、情報統制がとりづらいことがわかったんです。

例えばあるフィールドセールスが「こういうアプローチがいいよ」と言ったと思ったら、別の人はまったく逆のことを言う。あるいは、「どんなアポイントでもいいから渡してほしい」とか「確度の高いリードだけ欲しい」とか、リクエストも人によって言うことがまちまちで、インサイドセールス側が振り回されてしまっていました。特にインサイドセールスのメンバーは経験が浅いですから、コントロールしきれないわけです。

ならば、1人のフィールドセールスにインサイドセールスを固定で張り付きにして、担当がめざす世界を共につくり上げるやり方のほうがいいと判断しました。

――インサイドセールスのついていないフィールドセールスもいるのですね。

はい。その場合はフィールドセールス自身が、アポイントを取ったりリードへ提案をしたりと、全部自分でやっています。インサイドセールスとペアを組むフィールドセールスのほうが、当然KPIなどの目標設定は高い基準となりますが、インサイドセールスと組んだほうが目に見えて良い結果を残しています。

――インサイドセールスの使い方が上手なフィールドセールスの特徴は。

考え方に大きな違いがあると感じます。上手な人は、一緒に契約を取っていこうという意識を感じます。それに、フィールドセールス自身の色に合うような育成がうまいですね。**インサイドセールスと対等な関係を築きつつ、ホスピタリティを持ち合わせた形で自分の考えや価値観を伝えているように思います。**初回訪問後のフィードバックも丁寧で、訪問先ならではの付加価値のある情報を、インサイドセールスと共有できています。

インサイドセールスが育つと、フィールドセールスの食指が動かないリードに対しても、きちんと対応するような議論ができるようになります。例えば、「○年後には案件化すると思うので、きちんと育てましょう」ですとか、「先日こんなニュースがあったから、IT予算は増えると思います」といった提案が、インサイドセールスから出てくる。そうなると、フィールドセールスが1人で動いていた時は、「何となくだけど、進展はないと思う」とか「あの取引先は好きじゃない」といった属人的な感覚で落としていたリードも、拾えるようになってきます。

それに、**インサイドセールスをパートナーとして見ることのできるフィールドセールスは、お客様にも彼らの存在を共有できているんです。**初回訪問先で、このリードは案件化までに長期的に見ていく必要があるなと判断したら、「また時間を空けてご連絡差し上げます。このとき、先日お電話を差し上げたインサイドセールスから連絡するかもしれません」とひと言を告げることができるかできないかで、次に連絡した時の相手の心証はかなり違ってくるはずです。できるフィールドセールスは、こういうところがすごく上手だと思います。

――逆に、インサイドセールスとあまりいい関係を築けないフィールドセールスには、どういった傾向が見られますか。

インサイドセールスを自分のアシスタントのように見ている人は、うまくいかないですね。「取りあえず、アポイントを取ってくれればいい」というマインドだと、インサイドセールスの特性を生かしきれず、結局結果が出ません。その場合は躊躇《ちゅうちょ》なくペアを解消させます。

――今はインサイドセールスが4人とのことですが、今後増員する予定はあるのでしょうか。

あと数人増やすことは考えられますが、フィールドセールスの人数と同じにするというのは現実的ではないかなと感じます。

むしろ今は、アウトソーシングを使ったハイブリッド型の運用を実践しています。アウトソーサーには、初回アポイントを取るところから商談化の部分までをお任せしています。

――アウトソーサーを選ぶ基準やコミュニケーション面では、どのようなことを重視していますか。

選定基準は難しいですね。結局のところ、取引先というより担当者によるところがある気がします。私たちのところでは、クラウドサービスやＳａａＳの営業経験の有無が影響していますね。少なくとも、情報システム担当者へのアプローチ経験の有無が大きいです。あとはSlackなどのオンラインのコミュニケーションツールを、問題なく使えるか。日々の業務に関わってくるので、そこもポイントです。

またアウトソーサーにお願いするときは、事前に一度担当者と面談をさせていただいて、さらに最初の３カ月間はトライアル期間という位置付けで、相性や適性を見ています。

また社員と組んで仕事することはありませんが、当社に常駐し同じエリアで業務に当たってもらっています。

――オフィスに来てもらうことが大切なのでしょうか。

そうですね。やはり社内のカルチャーや温度感を把握してもらうことが大切なので、常駐は大前提と考えています。また社員同士でも、インサイドセールスとフィールドセールスとのコミュニケーションは工夫を要するので、アウトソーサーの場合はなおのこと顔を合わせることが大切だと思います。

インサイドセールスの連携を通じ、情報入力のメリットを体感する

――利用しているツールについて、教えてください。

情報マネジメントを念頭に置いてインサイドセールスを導入したので、アウトソーサーを使ったテスト段階から、「Salesforce」を使っています。インサイドセールスの運営とリード情報管理の仕組みづくりを、両輪で進めていった形です。その後、インサイドセールスを内製化するフェーズで、「Marketo」も導入しました。

訪問の有無にかかわらず、ターゲットとなる1万4000社の情報は「Salesforce」に登録されています。

――初期段階から「Salesforce」を導入したのは、珍しいですね。

セールスマーケティングを見ている担当役員（副社長）がいるのですが、彼が「Salesforce」を知っていて導入しようと言い始めました。経営サイド主導で入れられたのは大きかったと思います。

――導入当時は、どのようなことに注力しましたか。

フィールドセールスに向けて、営業活動の記録化が重要であることを認識してもらうことが大きなポイントでした。

ただ「インサイドセールスとうまくやってください」だけだと、メンバー同士の相性といった属人的な関係で終わってしまいます。そうではなく、長いリードタイムを繋いでいくには、訪問時のお客様の状況やフィールドセールスが話した内容などを「Salesforce」に入力する必要があり、それを遂行することで自身の営業活動が加速する、またインサイドセールスが機能するということを理解してもらうのに1年ほどかかりました。

――営業活動の「Salesforce」への入力が滞るといった課題は、多くの企業で見られると思います。どのようにしてそのハードルをクリアしたのでしょう。

1つは、「Salesforce」に何かしら情報を入れないと、他の人にリードを取られても知りませんよという仕組みにしました。

フィールドセールスは、「ワンカンパニー・ワンオーナー制」という1企業に対する営業担当は1人というルールを定めています。それでオーナーになるには、活動を入力することを義務としたのです。情報を入れない場合は、「Salesforce」上で自分がオーナーになっていないので、インサイドセールスにちゃちゃを入れられてもマーケティング側で勝手にメールを送られても文句は言えません。

――どれくらい情報を入れる必要があるのですか。ひと言でもいいのでしょうか。

正直なところ、ほんの少しでも構いません。ただ〝少し〟といっても限度があるので、そこはマネージャーが中身を見ています。極端な例ですが、活動履歴に「あ」としか入っていないようなリードにインサイドセールスが何かしらアプローチを仕掛けた場合、フィールドセールスが「勝手に動きやがって」と言いだしてもそれはお門違いだと。そのあたりのコントロールは、マネージャーも連携を図りながらコントロールしています。

あと、フィールドセールス側の暗黙のルールとして、初回訪問のアポイントを取れていないリードは1カ月間、訪問済みのリードは1年間何も営業活動の記録が残っていない場合は、他の人がアプローチしても構わないことになっています。

――情報を入力しないとデメリットを被るわけですね。一方で、入力することに意味があると感じなければ、主体的には動けないような気もするのですが。

おっしゃる通りで、仕組みだけで入力によるメリットを伝えるのはなかなか難しい。しかしそのあたりは、インサイドセールスが担保してくれていると感じています。

例えば、訪問後に「1年半は案件化しないだろう」とフィールドセールスが記録を残したとします。後日、インサイドセールスがその記録をキャッチアップして、「訪問から8カ月ほどたちますが、一度お電話で様子をヒアリングしてみましょうか」と提案し、実際に電話をかけてみると、「実は検討し始めたところなんです」といった回答を得ることが意外と多いんです。

機会を逃さずに済んだのは、きちんと記録を残していたからですよね。そうした体験を経て、情報を入れることの大切さを実感できているようです。

――「取りあえず入力して」という指示の仕方ではいけないのですね。

大抵の営業マンは、面倒なことはできれば避けたいと思っています。だから「上から命令されたから」という動機では、長続きしないし、やがて適当にしか入力しなくなってしまう。

しかし入力した情報の質がインサイドセールスの機能を左右することがわかれば、情報の重要性を納得しますし、同時にインサイドセールスの存在価値を認めるようになります。

逆に、情報の部分を抜かしてインサイドセールスの重要性を認識することは難しいと思います。テレアポ要員なら話はシンプルですが、インサイドセールスはその後のリードとの関係構築の機能を期待しているわけですから、適切な情報共有がなされなければ、「インサイドセールスがいても、あまり役に立たないね」となってしまう。

結局フィールドセールスが受注しない限り、インサイドセールスもマーケティングも生きていくことはできません。それぞれがインサイドセールスの価値を理解し、最大限生かそうとする意識を問われています。

特に私たちのようなフィールドセールスを前提としたBtoB企業にとっては、インサイドセールスの仕組みを構築する上で重要な観点だと思います。

リード復活のアラートメールで、過去に入力した情報が生きる

――「Salesforce」への入力面で工夫したことはありますか。

議事録が蓄積されていくうちに、リードの状況を把握し、スコアリングするのに最低限必要な情報というのが見えてきたんです。そこで、**ヒアリングすべきことを項目化し、選択式で入力できる仕組みをつくることにしました。**

フィールドセールスは訪問先で得られた情報を、プルダウンリストから選ぶか、簡単な数字を入れていきます。これならスマートフォンでも操作できるので、電車で移動している間に完了します。記録の第一段階はこれでよくて、あとは「Chatter」という記録スペースにそれぞれの企業特有の情報を残し、インサイドセールスと共有できるようにします。

――作業面のハードルを下げて、入力待ちの状態を避けるようにしたのですね。

それだけではありません。**「Marketo」と連携させて、入力情報を用いたアラートメールの仕組みもつくりました。**

アラートメールは20種類ほどあり、担当が「Salesforce」に情報を入力した企業がＨＥ

NNGEのHPを訪れたことを告げるメールでも、「ナーチャリング中の企業」、「一度ロストしている企業」、「G Suite や Microsoft Office 365 を導入している企業」など、いろんな状況に応じてパターン化しています。

ただしこのメールもきちんと情報を入れることで、初めて有益な情報になります。というのも、アラートメールの件名や本文に入ってくる文章は、「Salesforce」に入力した内容から、自動的に差し込まれる形でつくっているからです。

例えば「ロスト顧客がサイトを訪れました！【決算月○月】」というタイトルの、「月(○)」の情報は、「Salesforce」から引っ張ってきています。さらに本文中にある、ロスト時期やロストした理由、企業の担当者の名前や連絡先、使っているグループウエアの種類なども、すべて「Salesforce」に登録した情報です。

――　これはすごい。リードタイムが長くリサイクルが重要になってくる中で、過去に自分が入力した情報が後々の自身の営業活動にプラスに働くようになっています。一度はロストした相手でも、こうして復活する場合もあるから、フィールドセールスはますますちゃんと入力しようと思うわけですね。

情報を入力してもらうための促進材料として、すごく役に立ちました。**仕組みを取り入**

れる前は情報の入力率は50％程度だったのですが、今はほぼ100％です。

商材の性質上、アプローチのタイミングがものをいう分、お客様の動きの把握がすごく重要になってきます。先日もあるメンバーから、中途半端なステータスになっていたリードのアラートメールを受け取って「すごく助かりました」といった声が上がるなど、頼りにしているフィールドセールスも多いです。

――ところでパイプラインのステージは、どのように定義していますか。

まったく手つかずのフリーの状態から、初回の訪問アポイントを取るとXという段階になります。他に一部提携しているパートナー企業からの紹介もあり、初期段階はXやYに属します。その後、商談化した場合はE〜A、S、Vとレベルが分かれていて、例えば「暫定的でもスケジュールが決まっている」、「年間100万円以上の売上が見込める」など、それぞれの基準を満たすとステージが上がっていきます。

――ステージの判断は、誰が行なうのですか。

フィールドセールスのマネージャーが、メンバーからの情報を擦り合わせた上で最終判断します。例えばメンバーがあるリードのステージをCに上げた場合、本当に相応のものなのかメンバーに直接確認します。もし予算が獲得できていないなど、漏れがあるようならば、一旦上げたステージを下げることもあります。

――「Salesforce」のダッシュボード上では、どのように管理しているのでしょう。

パイプライン管理は、主にフィールドセールスで行なっています。リードのステージがB以上になると売上にも関わってくるので、フォーキャスト（予測）上重視していきます。

一方、インサイドセールスのダッシュボードでは、受注件数やアポイント数、30日以内に担当者の名前やメールアドレスなど個人情報を取得できた件数、アポイントの完全新規と既存リードの比率などを載せています。これらは、KPIやKGIに関連したものです。

ちなみに「情報は資産」という考えから、インサイドセールスチームは個人情報の取得数やヒアリングを通じてどれだけ情報を補填したかなどをKGIとして設定しています。架電数や獲得アポイント数はKGIを達成するためのKPIとして見ていて、査定評価はKGIを基準にしています。

またダッシュボードには、「マークしているリードだけど、直近180日間で訪問できていないところリスト」など、機会損失を防ぐレポートなども載せています。

勘と経験に頼る手法を脱却し、「営業3・0」の時代へ

――水谷さんは「インサイドセールスナイト」の主宰を務めるなど、国内のインサイドセールスの普及にも精力的です。今後インサイドセールスが、どのように発展することを期待していますか。

私自身のルーツは、営業にあると思っています。かつては本当に泥くさい営業マンで、テレアポ・飛び込み・土下座という（笑）、ある種「営業三種の神器」を駆使して営業活動をしていました。当時を思い起こすと、今のようなセールステクノロジーが使えたら、もっと売上が伸ばせたんじゃないかって強く感じます。

ですからインサイドセールスがどうという話ではなく、セールス全体を見渡したときに、「営業3・0」の世界をつくり上げていきたいと思っています。

――営業3・0ですか。

はい。私が勝手にそう呼んでいるだけなのですが、営業のステージって個人の勘と経験がほぼすべてで、足で稼いでなんぼという営業を1・0とすると、ようやく2・0に入ってきたというのが現状だと思っています。営業2・0というのは、デジタルを抵抗なく受

け入れられて、「Salesforce」などに案件状況などを入力して管理するのだけど、まだ属人的な要素も残っているという状態。

でも、さらに先の「営業3・0」は、完全なデジタルネイティブで、データを根拠に自分の行動を決めたり、セールスが自らツールを活用してコミュニケーションを活発化させたりするようなイメージです。要は、セールスがリードスコアに応じてリストアップして一斉メールを送るといった、マーケティング活動もできてしまうみたいな。でも人間の勘も否定しているわけではなくて、ここぞという時にはやっぱり必要なものだと思っています。

――セールス人材の意識改革が求められますね。

そうなんです。セールスのやっていることって実は意外と単純で、現状少し話すことが得意で調整力に長けていれば、ある程度はできてしまう。でもそのレベルなら、いつかはAIやロボットに置き換えられてしまってもおかしくないですよね。

さらにテクノロジーの発達など外部環境の変化で、企業側も新規の営業を簡単には受け入れなくなりつつありますし、これからの日本は労働力不足も懸念されています。それを踏まえると、属人的な営業活動の限界が訪れるのもそう遠くないのかなと思っています。

となると、データを活用しながら優先順位を立てて、効率よくこなしていくようなやり方が求められるのではないかと。同時に営業3・0のプラットフォームをつくっていく必要があって、そのためにはデジタルマーケティングやインサイドセールスが欠かせないと考えています。

特に今後の日本経済の成長のカギは、BtoB企業にあるんじゃないかと個人的には思っていて。だからBtoB企業は営業3・0型のスタイルにシフトしていく必要があり、特にマーケティングとセールスの間を繋ぐインサイドセールスが、重要なポジションを占めるのではないかと。

インサイドセールスは、営業3・0にもっとも近しい世界にいると思いますね。

水谷 博明（みずたに・ひろあき）

広告代理店、広告制作プロダクション、Webコンサルティング会社、ITクラウドサービスベンダーにて、営業10年、Webマーケティング10年を経験。現在はBtoB事業を展開する株式会社HENNGEにて「営業マインド持ったマーケター」として インサイドセールス兼デジタルマーケティングマネージャーという天職と思える立場に従事。

ここに注目！

HENNGEでは、インサイドセールスの役割の定義化、フィールドセールスとの連携、そして育成プロセスなど、アウトソーシングによるテスト運用を経て段階的につくり上げてきました。

その過程においてポイントとなったのが、マーケティング部門です。インサイドセールスチームの立ち上げと同時に取引先情報のマネジメント手法を確立する上で、マーケティングチームは陰の立役者として活躍しました。

今や取引先や営業活動の情報の管理に、SFAやMAツールは欠かせない存在です。しかしながら、その必要性がフィールドセールスにはいまひとつ伝わりにくいという性質があります。

しかしHENNGEの場合、インサイドセールスとの二人三脚でリードを温める、またアラートメールが送られることで、営業記録を「Salesforce」に入力することのメリットを打ち出しました。このようにセールス部隊のインセンティブを意識した仕組みをデザインできたのは、マーケティングスキルに長け、セールスの気持ちもよくわかる水谷氏だからこそでしょう。

日本の企業では、営業がマーケティングよりも強い影響力を持つ組織が少なくありません。水谷氏も「最初のうちは、マーケティングが営業の懐に入り込めるかどうかがポイントです。『売上が上がらなければ、私たちも評価されない、だから一緒に考えていきましょう』と、セールスの心情を理解した上でのアプローチは必須です」と話していました。

どうすれば営業に協力してもらえるか、歩み寄る姿勢で意見を聞きながら検討を重ねていくのです。そうして生まれた施策がヒットすれば、対等な関係を築くことができます。

また立ち上げ初期にはマーケティング部門に置いていたインサイドセールスを、後に人材の育成機関としての役割を担うことからセールス部門に移しています。

チームの成長フェーズや目的に合わせて配置を換えるなど、柔軟な対応も注目ポイントといえます。

〈Case 2〉インサイドセールスでもクロージングできる

ベルフェイス株式会社 取締役 セールス事業部長
西山 直樹 氏

インサイドセールスシステムを展開するベルフェイスは、フィールドセールスが1人もいないセールスチームを編成。自ら商材である「bellFace」を活用し、インサイドセールスだけで受注まで取り付ける仕組みを確立しています。

どのようにして「一歩も外に出ない営業」を実現化しているのか。その秘訣を尋ねました。

ユーザー経由の体験でリードが生まれ続ける

――会社の概要を教えてください。

「bellFace」という会社名がそのままサービス名なのですが、Webと電話回線を使った、インサイドセールスシステムを販売しています。ブラウザ上で操作できるため、商談相手に事前準備や特殊な設定をしてもらう必要もなく、手軽にビデオ通話やプレゼン資料の共有が可能です。相手先に訪問しなくても、本格的な商談ができてしまうのが最大の特長です。

――御社のインサイドセールスの仕組みも、興味深いものがあります。

そうですね。一般的なインサイドセールスとは役割が違うんですよ。きちんと説明すると、リード創出のところから少し特殊だと思います。

――といいますと?

まず「bellFace」のメインクライアントは、リクルートや楽天など商談数の多いBtoB企業であることが大きなポイントです。これらの企業が「bellFace」を使って取引先とオンラインで商談をすると、「こんな仕組みがあるのか」とその取引先が面白がってくれて資料請求してくれるんです。リードの大半がその経路で、それだけで月に400件ほどあります。

ですからこれまでは、実質広告費は1円もかけていないですし、マーケティングもリード創出のための施策はほとんど打ち出していないんです。

―― となると、マーケティングチームはどのような役割なのでしょう。

実はマーケティングチームも立ち上げてから半年ほど（2018年6月時点）しかたっていないのですが、リードナーチャリングがメインです。

先ほど月に400件ほどのリードがあると言いましたが、その大半はすぐには商談化しません。多くは興味本位で資料請求をかけている状態なので、まだ本格的な検討段階には入っていないんです。

―― 商材への関心はあるけれど、導入となるとまだ動機が弱いんですね。

毎月これだけのリードが創出できているので、インサイドセールスに対する潜在的なニーズはあるはずです。とはいえ、いくら「bellFace」を体験してインサイドセールスという存在を知ったからといって、昨日の今日で社内にインサイドセールスを立ち上げる、という流れには普通ならないですよね。

そのため緩い繋がりをキープして、興味関心が高まったところで再び検討してもらうという流れをつくることが大切で、それをマーケティングで進めています。ナーチャリングの結果、明らかに見込みがあると判断できたところで、初めてインサイドセールスにパスを出します。

クロージングまでをインサイドセールスが担う

――商談化から先が、インサイドセールスの役割なんですね。

そうなんです。当然商談は「bellFace」経由で進めて、原則一歩も外に出ずにクロージングまで行ないます。

――フィールドセールスはいらっしゃらないんですか。

はい。どうしても訪問が必要な場合は、インサイドセールスの担当が出向きます。どのメンバーも訪問営業の経験があるから対応できるので。

――フィールドセールスの経験があると、お客様のところに行きたくなるのでは。

それはないですね。そもそもインサイドセールスシステムを提供しているので、訪問した途端、説得力が薄れてしまうんです。

創業して最初の半年は、さすがに知名度もありませんから私たちもフィールドセールスをしていました。訪問先で自分の空気をつくって、力業で契約を取っていた時期があったのも事実です。しかしばらくすると、お客様から「とても便利なシステムなのはわかります。それなのに、どうしてあなたは今日ここに来ているんですか?」などと言われるようになってしまって。だから一定の実績が出来上がってきてからは、絶対に訪問しないと決めました。

――訪問しなくても、受注できてしまうものなのですね。

自社のネームバリューがあって、なおかつ低単価のものを売っているところはいちばんフィットすると思います。「bellFace」をご利用いただいている企業には、ポータルサイトの運営会社やクラウドサービスの提供事業者などがありますが、どちらも知名度が高く1案件当たりの単価もそれほど高くないのでとても合致しています。

一方、システム受託開発会社やコンサルティング会社の導入事例も、少しずつ増えてきています。どちらも1つの契約につき数億円にもなりますから、最終的には対面で商談することになるでしょう。しかし具体的な契約内容を詰める手前の段階で、「bellFace」をご利用いただいています。

それにこの前も、ある太陽光発電パネルの販売会社が、一度も相手先に訪問せずに20

00万円の案件を受注できたという事例がありました。顧客が地方の工場だったそうです。すごく喜んでいましたね。インサイドセールスだけでクロージングできると「無理だと思ったけど、やってみたらできた」って皆さん口をそろえて言います。少しずつですが、高額案件においてもインサイドセールスが浸透してきているなと感じます。

――「bellFace」を導入するだけで、インサイドセールスができるようになるのでしょうか。

いや、そんなことはないですね。「bellFace」を入れたはいいけれど、活用しきれていないというお客様は少なくありません。特に、経営層が「これはいい」といって導入したものの、浸透しないというケースは多いです。現場は訪問したがるんですよね。この商習慣が、「bellFace」にとっていちばんのライバルだともいえます。

そうしたこともあり、導入時のコンサルティングとカスタマーサクセスは生命線だと考えています。具体的には、営業プロセスのどの範囲をインサイドセールスに変えるか、投資効果の目標を定めます。冒頭にお話しした通り、お客様が上手に「bellFace」を活用してくだされば、自然とその取引先が関心を持ってくれるものですし。あとユーザー間の成功事例の共有が大切だと思っていて、Webサイトに紹介するのと同時に、ユーザー会を定期的に行なっています。ユーザー会で事例の紹介を行ないユーザー同士の助け合いを促進することで、新しい仕組みの定着をユーザー自らが行なえるようにしています。

カギは決裁者　一律的な情報収集は意味がない

――リード管理のツールは何を使っていますか。

1つは「Marketo」ですね。リードスコアリングとメール配信で大いに活用しています。スコアリング項目は細かく分かれています。1つは顧客の見極めです。ベルフェイスではメインターゲットを「低単価のWｅｂサービスを提供している企業」と定義しているので、当てはまる企業はスコアが上がります。加えて、「bellFace」を体験したことがあるかどうか。これもスコアが上がるようにしています。またセールスの人数などによってもスコアが変動する仕組みです。

もちろんリードのアクションに応じてスコアリングしています。こちらからのメールに記載のリンク先へのアクセス、弊社ＨＰの滞在率、料金ページの閲覧、あるいはセミナーへの参加などが加算対象です。

一方で課題もあります。ひと通りスコアを設定していますが、それが妥当なのか。どれか項目を外したら他のスコアリング項目にどう影響するのか、高スコアのリードとは本当に有効な商談ができているのか、このあたりは検証の余地があると思っています。

――パイプライン管理は、「Salesforce」を利用しているのですか。

そうですね。リードから商談にステータスが変わり、さらに具体的な検討段階に入ったら、受注の可能性に応じてA～Dに分類します。Aは導入の意思を口頭では受けていて申し込み待ち、Bは決裁者が検討に前向き、Cは担当者が意欲的な状態、Dは担当者が興味を持っているけれども導入時期は未定、の状態です。もしどれにも当てはまらなければリードになりますし、「DからCに上がる」など、ステージ間の移動はしません。

というのも、商談化から2～3週間で成約に至るケースがほとんどで、検討期間がそれほど長くありません。そのためステージごとの管理を必要としないのです。

――BANTでいうと、Authority（決裁権）の意思を重視しているのですね。

そうですね。BANT情報は初動対応である程度入手しますが、Budget（予算）やTimeframe（導入時期）は重視していません。先ほど述べた通り、多くの企業は問い合わせの時点での導入意欲はそれほど高くないですから、当然予算についても具体的にはなっていません。むしろ動機はそれほどでなくても、対話を通じてサービスの価値を感じてもらい、その気にさせることが営業の役割だと思うんです。

ただし、いくら現場担当者がその気になったとしても、決裁者の意思を動かさない限りは受注には繋がらないですから、やはりAuthorityはカギになります。

社内では商談設定の基準を設けているのですが、相手の窓口が営業部であることはまずマストで、次に商談の席に部長や社長などの決裁者が同席すること、この2つは大きいです。ただし、基準を満たさなかったものはまったく商談をしないかというとそうでもなく、若手など経験の浅いメンバーが対応することにしています。

――単純にBANT情報を得られればいいという話ではないのですね。

商材の特性に合わせたやり方があるはずです。「bellFace」も、予算だけで話を進めると、それを上回った時点で「高い」という印象を与えることになるでしょう。しかし訪問営業に費やしている交通費や時間生産性などを踏まえた上で提案すると、むしろ手頃な投資だと考えられるようになる。

一律に情報収集をするのではなく、やはりリードとの関係を深める接点として捉えるべきだと思います。

――先ほどあったA～Dの受注可能性を基に、営業予算も立てることになると思うのですが、2つの間でズレが生じることはありませんか。

そこはまだまだ課題ですね。どんなに精緻に予測しているつもりでも、ズレてしまうということはあります。セールス1人ひとりを見ても、月ごとの成果にバラつきもありますし。このあたりは、マネージャーの「読み」に頼っているのが現状です。

他の部門の影響も考慮して、目標を定める

――KPIやKGIはどのように設定していますか。

KGIは受注売上ということは一貫しているのですが、KPIについては見直しを図りました。

まだマーケティング部門が立ち上がる前の話でもあるのですが、最初のうちは商談社数をKPIに設定していました。インサイドセールスですから訪問の必要がなく、1日でかなり多くの商談をこなせることもあり、とにかく数を取ろうと受注まで持っていくことをしていました。

けれどもこの方法だとその後が問題で、契約前の段階で、お客様と「bellFace」との相性の見極めが甘くなり、解約率も高くなってしまう。結局、購入後のお客様の追加IDをKGIとしているカスタマーサクセスにも影響が出てしまっていたのです。また受注に繋がらない商談も多くて、結局セールスも疲弊してしまうという状況も起こっていました。

こうした課題を解消するために、**インサイドセールスのKPIを「契約見込み率」に変更することにしました。**つまり、全商談のうち契約に繋がる見込みの高いものの割合を問うことにして、無駄な商談を減らすことにしました。それが、先ほどのスコアリング項目や商談設定基準に反映されている形です。

全体の商談数が減るので受注件数はそれほど大きく変わらないのですが、無駄な商談に費やしていた時間を使って打ち出した施策から受注も取れるなど、いい形で効果が表れています。

——他の部門への影響を意識することは、重要ですね。

そう思います。無理に商談を進めても、長い目で見ると結局誰の利益にもならないんですよ。ですから**初期の段階での顧客の見極めというのが大切で、マーケティングとセールスの間でターゲット顧客の定義をそろえて、意識を合わせていく作業が欠かせません。**

また商談のやり取りで得られた情報は、カスタマーサクセスやプロダクトの開発チームとも共有すべきです。プロダクトやサービスの改善には顧客の声は不可欠ですから、セールスチームだけにとどめておくものではないと思います。

――最近、アウトバウンド営業も始められたそうですね。

はい。SaaS企業やポータル運営会社、Webマーケティングなどを行なっている約5000社を対象に実施しています。

活動のポイントは、デジタルツールを活用して、活動の効率化を図ることですね。**企業の代表アドレスに一斉送信するツールや、問い合わせフォームに必要事項を自動入力してくれるツールを使ってファーストコンタクトを取り、反応のあった企業にアプローチしていきます。**このときもEightやLinkedInなどのビジネス系SNSを使ってキーマンを探し、その人にコンタクトを取るようにしています。

うまくいかない場合は往々にしてあるのですが、それでも最低限、本人のメールアドレスは取得するようにしています。できれば気乗りしない理由や、検討できるとしたらいつ頃かなどの情報もヒアリングし、リードとして登録します。

――「ダメでした」で終わりにはしないということですね。

前の職場では、焼き畑農業みたいなこともやっていたんです。リストの片っ端から電話をかけて、断られたら×をつけて……っていう。でも今はターゲットの数が限られていますし、一度起こしたアクションは無駄にしたくない。

それにすぐに案件化しなくても、何かのきっかけで急展開することもありますから。例えば、大手企業のユーザーがゲストのセミナーに招待すると、過去に一度アプローチした方がいらっしゃることがあるんです。私たちセールスチームも会場に足を運ぶようにすると初めての対面が実現し、そこから一気に進展するというケースも多いです。

やっぱり段階に応じたアプローチというものを意識すると、一度は断られても復活する可能性は高いですから、何かしらの繋がりを残しておくことが大切だと思います。

商談内容をメンバー同士でフィードバックし合う

――インサイドセールスでクロージングまでとなると、求められる素養もフィールドセールスとは違ってきますか。

一概には言えませんが、今までの傾向を見ると、**会わずして信頼を得られるようなスキ**

ルが求められるように思います。例えば、画面越しの印象に清潔なイメージを感じられる人とか、「夕方に折り返しご連絡します」みたいな小さな約束を守れるような。

当たり前のことかもしれませんが、意外とできる人とできない人がいて。従来のトップセールスのような、その場の空気をつくることは得意だけど細かなことは苦手というキャラクターは、少し違うかなと感じます。

ただ採用で適性を見極めるのは、なかなか難しいです。面接では過去の成功体験を話してもらうのですが、軌道に乗せるまでのプロセスでボトルネックを見つけて、解決のために何をしたのか、その結果どうなったのかと、きちんと考察できる人はインサイドセールスもこなせるように思います。

――育成で力を入れていることがあれば、教えてください。

商談時の様子の振り返りとフィードバック、そしてメンバーへのシェアは、インサイドセールスだからできる育成施策だと思います。

社内では、「bellFace」にある商談の録画機能を活用しています。商談中の表情や発話だけでなく、どのスライド資料にどれだけの時間をかけているかも記録することができます。管理権限を持っていればメンバーの記録を見ることができるので、私も週に4時間はチェックする時間を設けています。それくらいの時間があれば、10商談ほどチェックできます。

そして、良かったところ、改善すべきところを具体的に提示して、チャットワーク上でメンバーにシェアします。このときの商談の動画も、URLで共有できるんです。さらにメンバー同士でも互いに動画をチェックして、フィードバックし合っています。

周りがどのような営業活動をしているのかを知り、自分の強みや足りないところを知ることで、全体のレベルも底上げされていくんです。

ちなみに動画のURLは、営業記録の一部として「Salesforce」にも張り付けています。受注できた企業のページを開けば、それがベストプラクティス集になるという仕組みです。

——フィードバックとシェアを繰り返して、うまくいった事例はありますか。

前職は持ち前の突破力を武器に、ゴリゴリのフィールドセールスをしていた社員がいるのですが、うちに来て伸び悩んでいたんです。それで録画機能を使って、メンバーも一緒に1つひとつ内容を検証していきました。

同時に彼の強みを生かすため、今までインバウンド担当だったのをアウトバウンド担当にコンバートさせました。

するとインバウンド担当の頃は何カ月も連続で目標をショートしていたのですが、アウトバウンドになってからは5カ月連続でトップセールスを誇っています。素直なキャラクターなので、周りのアドバイスをどんどん吸収するし、自身の強みを生かせる環境に移って開花した感じですね。

また、チームに在宅勤務を併用しているメンバーがいるのですが、録画機能があることで質をキープできているように思います。マネージャーにとっても安心材料になっています。

――最後に、これからのインサイドセールスってどうなっていくと思いますか。

インサイドセールスの普及は、世界的に見られる傾向です。一説によれば、アメリカではインサイドセールス市場がここ3年で2・5倍の規模になっていますし、セールス人材の約半数がインサイドセールスだといわれています。ヨーロッパでも増加傾向にありますし、日本国内でも今後ますます加速するとみています。

私自身、かつては大きいカバンを持って真夏でもネクタイをするような営業で、本当は訪問のほうが得意なタイプだったのですが。もう無理ですね。インサイドセールスを知ってしまったら戻れない。今や、毎日Tシャツにジーパンですから（笑）。

商談も1日のうちにたくさんできますし、移動に使っていた時間で提案書やお礼メールもつくれます。日中にそうしたフォロー業務もできるから、6時や7時で帰れてしまう。夜は子どもと一緒にお風呂に入ったり、ジムで体を鍛えたりもできているのに、商談数は2倍に増えている。

働き方の観点から見ても、メリットの大きいスタイルだと思います。

西山 直樹（にしやま・なおき）

1983年生まれ。神奈川県横浜市出身。2007年に明治大学を卒業後、新卒にて当時営業支援会社として唯一上場を果たした株式会社セレブリックスに入社。大手IT企業のインサイドセールス部隊構築支援を中心に、延べ80プロジェクトの新規セールス部隊立ち上げに参画。200人を超える営業マンの採用やマネジメントに従事。2015年同社を退職し、ベルフェイス執行役員を経て、2017年10月に取締役に就任。

ここに注目！

ベルフェイスが扱うのはインサイドセールスシステムというだけあり、商談の場そのものが商材のアピールになっています。

しかし、同社のインサイドセールスが成功している理由は、それだけではありません。リード創出からカスタマーサクセスという一連の流れの中で、いくつもの連動型の仕組みを綿密につくり上げています。

例えばリードの大半がインバウンドで、多くはユーザー企業との商談で「bellFace」を体験し、資料請求に至っています。またユーザー同士のネットワーキングを構築し、ビギナーユーザーにとっては気になる他社事例を学ぶ機会を提供しています。ここでカギを握るのは、顧客の成功体験。1つの成功体験が、新たなリードの創出や別のユーザーの成功体験に繋がっています。

こうした成功体験の連鎖は、実は顧客の見極めから始まっています。つまり、ただリードの数や成約数を増やせばよいのではなく、「bellFace」というサービスがマッチする企業に確実に届くセールスの仕組みが必要なわけで、それにはマーケティングとの連動が不可欠です。さらにインサイドセールスではKPIを商談数から契約見込み率に変えて、カスタマーサクセスに繋がるセールス活動に切り替えたことも、見逃せないポイントでしょう。

加えてアウトバウンドセールスでは、「最初は良い返事がもらえなくても、メールアドレスだけは入手する」と西山氏は話していました。商材とマッチすると見込んだ相手です。

すぐに商談化しなくても、何かの弾みで購買意欲に火をつける可能性があります。特に顧客層が限られている場合、リードを捨ててしまうのではなくリサイクルできる仕掛けを編み出すことが大切です。

〈Case 3〉

ツールをフル活用し、人にしかできない業務に集中する

株式会社マルケト
営業本部 コマーシャル営業部 部長
弘中 丈巳 氏

マーケティング本部 インサイドセールス部 マネージャー
星子 彩美 氏

マーケティングオートメーションの草分け的存在である、マルケト。当然のことながら、社内にインサイドセールスチームを設置し、「Marketo」の市場への普及に努めています。その運営手法は、フィールドセールスのサポートになりがちな一般的な企業とは一線を画すスタイル。リード獲得からカスタマーサクセスという顧客獲得の流れにおいて、インサイドセールスが重要なポジションを占めています。

インサイドセールスが活躍できる背景と、その仕組みに迫ります。

学習検討体験の提供こそ、インサイドセールスの担う役割

――インサイドセールスチームは、マーケティング部門に属しているのですね。

星子氏（以降、星子）　インサイドセールスは、マーケティングとフィールドセールスの間に入って、リードを橋渡しするという立ち位置にあるという考えです。マーケティングもインサイドセールスも、売上や契約といった最終的な営業結果に繋がる働きをすることが大切で、その入り口に当たるリード獲得や商談に繋げるナーチャリングの部分で、効果的な施策を打っていく必要があります。

このとき、お客様の業種や課題などタイプ別にベストなアプローチ方法があるはずで、そうなるとマーケティングとインサイドセールスの連携が重要になってきます。そうした理由から、マーケティング部門に配置しています。

オフィスでもマーケティングチームとインサイドセールスチームは隣同士で、イベントの企画やＷｅｂ戦略をどうするかなどを日頃からよく話し合っています。

「Marketo」はテクノロジーの力で、情報の統合や施策の自動化・効率化を図るツールで

すが、お客様の課題解決に繋がる動きになっているかを確認するには人間の目が必要で、それを担うのがインサイドセールスの役割ともいえます。私たちは「Marketo」というソリューションを通じて、マーケティングとセールスの先進事例を届ける役割も担っています。ですからまずは自分たちの組織で、望ましいオペレーションのあり方を探究し、実践しているという感じですね。

――セールスを追う以上に、マーケティングのニュアンスが強いということでしょうか。

弘中氏（以降、弘中） 私たちのインサイドセールスチームは、お客様にフォーカスしたミッションを設定しています。そのうちミッションは2つあって、

・より多くの企業が顧客との継続的な関係性を構築し、売上を上げられるようにマーケター、営業担当者のマーケティング活動を支援すること。

・優良見込み客をターゲティングし、タイミングを逃さず質の高い会話をして、お客様に最高の学習検討体験を提供して継続的な関係性を構築し、1社でも多くの見込み客の成功を支援すること。

としています。この中には、数字に関する情報が一切入っていないのがわかるでしょう。さらに「お客様への最高の学習検討体験の提供」となると、インサイドセールスが電話

をかけるところだけではなく、Webの閲覧やコンテンツのダウンロードに応じた素早いフィードバックなど、オンライン上のコミュニケーションの最適化も図ることが必要になってきます。そうなると、マーケティング組織にあるほうがミッションとフィットしてくるし、やりたいことがスピーディーにできる。

営業部門にインサイドセールスを置くと、アポイント件数を追うなどKPIが短期的になりがちですよね。でも私たちの場合は、営業の数字をつくるためにパスを出すことも大切だけれども、それが仕事の本質かというと違う。

そうしたこともあり、マーケティング部門の中にインサイドセールスを置いています。

――社内におけるマーケティングの概念が、全体の顧客戦略を考えるという広義の考え方なのですね。

弘中　そうですね。マルケトという組織だから、インサイドセールスのミッションも先ほど説明したようなものになっているのだと思います。**いろんな手段を通じてOne to Oneの体験を提供していった結果、「もっと知りたい」、「提案してほしい」と感じているお客様をフィールドセールスに渡すというイメージなんです。**短期的にガンガン攻める、というのとはちょっと違います。

星子　マルケトに入社して、お客様と関わる時間軸の長さを実感しています。前職はコールセンターやＢＰＯセンター運用のアウトソーサーだったのですが、特にセールスプロモーションの業務は、単体施策で業務を請け負うことも多く、お客様と企業間の対話が「点」でのコミュニケーションとなっていました。でも今は、お客様がたどってきた足取りを見て、お客様の課題に寄り添いながら時間をかけて関係を築いていく「線」のコミュニケーションを実現することができています。それができるのは、「Marketo」というツールがあるからだと思いますね。

――では、どのような形でインサイドセールスを進めているのか教えてください。

星子　まずチームの中も目的に応じて2つに分かれています。

１つはＢＤＲ（Business Development Representative）といって、いわゆるＡＢＭ（Account Based Marketing）を展開するユニットです。これまでの「Marketo」ユーザーの実績から、相性のいい業種のリーディングカンパニーに対し、あらゆる手段を使ってアプローチしていきます。主なところでは不動産や金融業などで、業界のトップ30に該当する企業にコンタクトを取っていきます。こちらは２０１８年からスタートしたユニットです。

もう1つはSDR（Sales Development Representative）というユニットで、弘中と共に4年前に立ち上げました。原則はWebやセミナーを経由して「Marketo」と繋がったお客様に対し、関係を構築していくユニットです。主にマーケティングチームが創出するリードへアプローチします。BDRがターゲティングした企業以外は、すべてSDRで対応しています。また過去に話は進んだけれども、その時は受注に至らなかったというリサイクルリードも対象です。

今はBDRを5人、SDRを7人で運営しています。BDRは最初2人でスタートしましたが、オペレーションが確立されてきたのと、エンタープライズ（大手企業）担当のフィールドセールスが増えてきたこともあり、こちらもメンバーを増員してリードを供給できるような体制にしました。

――BDRとSDRでは、ターゲットに違いがあるのですね。

星子　そうですね。BDRの場合は、これまで接点がまったくないお客様も珍しくありません。そのため代表電話にかけて、秘書の方から繋いでもらうといったこともありますし、お手紙を出すこともあります。それに対しSDRは「Marketo」でつけられたスコアをもとに、ターゲットとしている業種であるか、お客様の現在の温度感を定量的に確認しながら、優先順位の高いリードへコンタクトを取っていきます。

初回訪問レベルの対話をインサイドセールスで実現

――それぞれどのようにして、関係を深めていくのですか。

星子　電話やメールを使ってコミュニケーションを図るというところは共通していますが、どのように進めていくかはお客様によりますし、インサイドセールスがそれぞれ考えながら進めています。SPIN話法（Situation Questions〈状況質問〉、Problem Questions〈問題質問〉、Implication Questions〈示唆質問〉、Need-payoff Questions〈解決質問〉）をベースにした一問一答式のトーク事例はありますが、スクリプトは固定化していません。

対話を通じてお客様に気づきを提供し、課題の整理や検討プロセスの推進をサポートすることに重点を置きます。実際、「今の課題は何ですか」と聞いたところで、お答えになるお客様はまずいません。「Marketo」に関心を寄せていただいたきっかけや、今取り組んでいること、その先の展望などをお聞きしながら確認を進めます。

どのメンバーも、フィールドセールス以上に密なコミュニケーションを図っています。話をしながら、お客様が自ら課題解決に繋がるポイントを見つけられた瞬間はうれしいですし、商談化した後もフィールドセールスをフォローして、最終的にお客様が「Marketo」の導入を決めていただけたときは自分たちのやりがいにも繋がっていますね。

弘中　よくBANTを必ず確認する、というルールを設定されている企業様もありますが、Budget（予算）やTimeframe（導入時期）は、今の「Marketo」の市場フェーズを考えると重要視すべきことではないと思っています。今の市場フェーズでは、マーケティングオートメーション自体の浸透度もまだまだなところがありますから、予算を取っていない会社がほとんど。そうなるとスケジュールもわからなくて、逆に「教えてください」と相談を受けるようなケースが多いです。

一方で、Needs（必要性）とAuthority（決裁権）は重要です。**特にNeedsは、先方が描くビジネスのゴールに「Marketo」がお役に立てるのかどうかを判断する上では欠かせません。Needsを聞くのではなく、一緒にNeedsを探し出していくということはインサイドセールスがしっかり押さえるべきところです。**

星子　お客様から必要な情報を引き出すことは大事なのですが、「ヒアリング項目を埋める」というのとはまた違うんです。お客様のお立場、視点を想像し、お客様を理解することが何より重要です。お客様のビジョン・ミッション・バリューに関する公開情報を確認の上、過去に参加されたイベントやセミナー、Ｗｅｂアクティビティから、お客様がどの領域に関心や課題がありそうかを推察することから始めます。その上で、お客様がどの事例やキーワードに反応されるか、声色や口調から捉え、お客様が望む成果の確認とソリューション提案を遠隔で行うことが求められます。電話口で「そうそう、やりたいのはそういうことなんです」といった反応があることも珍しくありません。アンケートに答えてもらうようなやり取りでは、そうした気づきを提供することはできないでしょう。顔の見えない相手とのやり取りですし、お客様もこちらに対してまだ懐疑的なところもあります。信頼関係を築いていくことがとても大切です。

普通はフィールドセールスが初回訪問で扱うような内容を、私たちの場合はインサイドセールスがやっているという感じです。枠にはめたコミュニケーションではなく、自分たちも提案するつもりで柔軟に対応しているのはそのためです。

――一度の電話でそこまでできるものなのでしょうか。

弘中　可能な場合もありますが、一度で聞ききることが大事なのではありません。メールを併用しながら少しずつ情報を得ることもありますし、初回の電話は軽い話で終えて、次の約束を取り付けた上で掘り下げていくといったやり方もあります。関係構築の方法もOne to Oneになるようにしています。特にエンタープライズの場合は、徐々に関係構築を進めていった上で核心に迫っていくという傾向です。

星子 また相手にもよりますね。トップマネジメントの方にオペレーションの細かいところを聞いてもわからないでしょうし、全体像がよく見えない中で施策の話を熱心にされる方もいらっしゃいます。経営計画と結び付けながら小さなレベルから大きな展望へと話題を移すこともありますし、大きな枠組みを整理して細部を確認するといった展開もありますね。

弘中 インサイドセールスとして気を付けなければいけないのは、こちらは「Marketo」を導入検討していただくのが重要でも先方の最重要タスクは「Marketo」の導入検討ではないというのをしっかりと理解しておくことです。いろいろな業務を抱えて忙しい方に、わざわざお時間をいただいているので、お客様の本業を邪魔せずに、具体的な成功イメージや事例など、必ずプラスになる時間を届けるようにする必要があります。

星子 お客様のモチベーションが上がらない限りは、インフルエンサーにもならないので、先方がメリットに感じることは何かを早いうちにつかみます。

――レベルの高いコミュニケーションを実現されていることが、よくわかりました。トレーニングはどのようにされているのでしょうか。

弘中 おそらく多くの会社では、初期教育の段階で量を重視していると思います。架電数をチェックしながら、量をこなして仕事に慣れていくみたいな。でも**私たちはまったく逆の発想で、最初に質の部分をある程度つくり上げることを重視しています。**

質の低い状態で電話し続けることで、お客様に不快な思いをさせてしまうし、成果にも繋がらない。何よりミッションである「お客様に最高の学習検討体験の提供」をすることが難しくなってしまうためです。それに量だけにコミットさせると頭を使わなくなるというか、考えるというマインドセットが定着しないんですよね。質→量→質の順に上げていくイメージです。

星子 最初の1カ月は電話させません。まずはマルケトの思いやサービスを理解し、お客様に伝えられるようになることに専念してもらい、実務に入る前に試験を実施しています。

内容はフィールドセールスと共通で、1つは「Marketo」のコアメッセージを、ホワイトボードを使って15分間プレゼンテーションすること、もう1つはフィールドセールスが初回訪問の際にお客様にお見せしているドキュメントを使って、30分間のプレゼンテーションを行ないます。この試験を通過しないと、架電できません。

――誰が試験のジャッジをされているのですか。

星子　私など管理職です。1回で通ることはほとんどないです。知識のインプットとお客様に伝わるアウトプットのところを、何度も繰り返しさせています。

――下地の部分が固まっていないと、相手の課題にまで踏み込んだコミュニケーションができないのですね。

弘中　コミュニケーションの軸がブレてしまい、お客様を〝Engage〟することが難しくなってしまいます。先ほどもお伝えしたように、今のフェーズでは「お客様と一緒にNeedsを探していく」ことをしていかなければいけません。最低限の質が伴っていないと、説明できない恐怖心がある上、KPIも達していないといった状況になってしまう。自信を失って、もう何をしていいのかわからない、視野も狭くなり、お客様に一方的にヒアリングをしてしまうことがあります。

短期的にはＫＰＩを達成することはできるかもしれませんが、我われのミッションである「お客様への最高の学習検討体験の提供」が損なわれてしまう可能性があるので、何度も繰り返し試験を受けてでも完璧な状態になるようにトレーニングの合格基準も高く設定しています。

あらゆるツールと連携し手入力はほぼ不要

――ツールはどのように活用されていますか。特に「Marketo」との外部連携に興味があります。

星子　私たちの考え方には「エコシステムの醸成」がベースにあります。お客様に「Marketo」をご提案するのと同時に、お客様のユーザーでもあるというような関係ですね。「Marketo」を中心にして、他社のいろんなソリューションを連携させています。

弊社が連携させているソリューションは、「FORCAS」や「SPEEDA」、「Sansan」、「LinkedIn（米国LinkedIn社が開発したビジネス系ＳＮＳ）」、「Datanyze（米国Datanyzeが開発したサイト解析ツール。どの企業が、いつ、どんなテクノロジーツールを導入したのかを提供）」などがあります。

――BDRで活躍しそうなツールが豊富ですね。

星子　そうですね。例えば「FORCAS」は、過去に商談実績のある企業のアカウントを基に、「同じ属性だけどまだ『Marketo』と接点のない会社」のスコアリングに重み付けを図ったり、「FORCAS」独自のセグメントと、私たちが今後注力したいセグメントを掛け合わせて、相関の高い企業を導き出すといった使い方をしています。ビジネス系SNSは相手の方の人脈を把握するのに活用していますね。

――それぞれのツールの情報は、どのように連携させているのですか。

星子　「Marketo」に他社のツールを連携し、そして「Marketo」と「Salesforce」を連携させています。「Salesforce」の顧客ページに、「Marketo」をはじめ、それぞれのツールから得られる情報を反映させているので、日頃は「Salesforce」の画面を見るだけで事足ります。

　例えば企業の属性情報などは「SPEEDA」から情報を得られます。ですからお客様に改めてヒアリングしなくてもわかってしまう。さらにお客様と同じセグメントに当てはまる企業名などの関連情報も、「FORCAS」由来で「Salesforce」に載せています。名寄せも「SPEEDA」のＩＤを基にしているので、情報がバラつくこともないです。

弘中　あと、お客様がどのようなことに関心をお持ちなのかも、「Salesforce」上である程度わかります。「マルケトセールスインサイト」という項目に、その人が「Marketo」のサイトのどのページを何回見ているのか、どんなホワイトペーパーをダウンロードしたのかといったことと、「Marketo」から送付したメールの開封や添付リンクのクリック状況が表示されます。例えばメールマーケティングに関連するページを何度もご覧になっていれば、相手がメールマーケティングに関心があることは明らかですよね。そうしたことも含め、テクノロジーに任せられる領域はたくさんあると思うんです。

――　なるほど。人が介在しなくてもできるところはテクノロジーを活用し、人は、先ほどご紹介いただいた「気づきを促す対話」など、人の特性を活かしたところに注力すると。

弘中　そうです。ツールを導入すると「現場のメンバーが情報を入力してくれない」という悩みはよく聞かれる話ですが、そこで止まった状態というのは不毛だと思うんです。仕組みを整えることで、人がすべき作業は格段に減ります。お客様の成長を加速させるために何ができるかを考えることが、人の役割なんだと思います。

コミュニケーションの質と量をウオッチする

――仕組みといえば、目標管理は何を指標にしていますか。

星子　商談の作成数がインサイドセールスのKGIですが、ここはインサイドセールスがコントロールできる項目ではありません。なので、「SQL（Sales Qualified Lead：フィールドセールスが訪問アプローチできる状態のリード）」の作成数を見ています。

フィールドセールスにパスを出すときは、「Salesforce」の Chatter 機能を使っています。先方のチームや役割、目標、現状のオペレーションだけでなく、インサイドセールスがSQLと判断した経緯、ゴール達成のための優先課題は何かといったレポートをまとめて記載します。

弘中　このときの Chatter は、担当者宛てにではなくマネージャーに送られます。1件ずつ私やエンタープライズ営業の責任者が確認し、担当に渡していいかどうかを精査します。もし訪問前の段階で、より深掘りできる余地や調べてほしいことがある場合は一旦インサイドセールスに戻すことも。

それなりに量もありますし、すべて読んでジャッジするのは大変なのですが、質を担保する上では欠かせないプロセスです。

——ダッシュボード上ではどのようなものを管理していますか。

星子 まずKGIに当たる商談件数と、パイプライン化しているものの売上予測ですね。商談数と1件当たりの単価設定は、フィールドセールスのマネージャーと定期的に擦り合わせを行なっています。

毎日確認しているのは、アプローチ件数と有効コンタクト件数です。アプローチ件数のうち、マーケティングオートメーションを検討している人と繋がった数やSQLに繋がったやり取りが有効コンタクト数です。対前月比の他、個々のメンバーのSQLの設定数や商談作成件数なども常時ウオッチし、こうした情報を基に、今後の予測へ活かします。

あと、リードの流入経路の状況やリードの業種、役職の比率などもダッシュボードでチェックできます。

——パフォーマンス管理で重視していることは。

星子 まず、ある程度の量を確保すること。先ほど初期の育成で質の重要性を説明しましたが、質に固執しすぎてコミュニケーションの絶対量が減ってしまう人も出てきます。ですから、**ある程度コミュニケーションに慣れてきて自分のスタイルが確立できた人には、量は質も兼ねるよという話をしています。**

その上で、数と質のバランスに注意を払っていますね。例えばアプローチ件数は伸びているけれど、設定できたSQLの数が少ないというときは、リストの接続率やお客様とのコミュニケーションに課題があるのかもしれません。アプローチリストを精査したり、トークの中身をモニタリングしたりして検証します。

マネージャーの役割の1つに、「今アプローチをすべきリードへ、インサイドセールスがケアできているか」の確認があります。「Salesforce」のダッシュボードで、アプローチ優先度の高い未着手のターゲットリードの件数を確認しながら、着手状況を見て、メンバーへリードを再配分するなどの調整を行なっています。

なお、時期やマーケティング施策によっても入ってくるリードの数は変わってきます。月次推移から時期ごとの大まかな傾向をつかめるので、苦戦しがちな時期にはマーケティングチームにイベントを打つように提案するなど、先手を打つようにしていますね。

——メンバーがパフォーマンスを分析することもあるのですか。

星子　各自に割り当てられたリードの内訳を見えるようにしていて、それぞれが分析してレポート作成しています。またウイークリーでアクションプランを立ててもらい、その後、結果の振り返りもしてもらっています。

中にはGoogleアナリティクスなどを使って、上位キーワードを分析し、必要なコンテンツを提案したり、作成支援を行なうメンバーもいますよ。

――それはすごいですね。

星子 マーケティングオートメーションツールを扱う企業ですから、お客様の多くがマーケターでいらっしゃいます。そうなると、やはり私たち自身がマーケティングに精通していることが大事になってくる。特に今年は、「マーケティングのことが本当にわかるインサイドセールスチームになろう」というのを裏テーマに、活動を活発化させています。

また日頃からチームを運営する上で、自分たちで仕組みを新しくしていこうという気概を意識していますね。結局私たち自身が「Marketo」の恩恵を受けているので、もっと何かできるんじゃないかというアイデアが、メンバーから次から次へと出てきます。

――日常のケアはどのようにしていますか。

星子 毎日朝礼で、「今日はこのセグメントに発信をかけよう」ですとか、「この属性のリードには○○のセミナーを紹介しよう」といった目線合わせを行なっています。

朝礼ではメンバーごとに前日のアクションの振り返りと当日のコミットメント（重点ポイント）をアウトプットしてもらいます。気になることがあればメモしておいて、その後、オペレーション上の仕組み改善や個別フォローに努めます。

また週に1回のチームのミーティングで、SPIN話法の訓練や事例紹介のプレゼンテーションなど、トレーニング要素の強い内容を行なっています。加えてマーケティングチームとの合同ミーティングも毎週行なっていて、施策の共有とその影響を踏まえたリードへのアプローチ戦略を立てています。施策に合わせてダッシュボードに改変を加えたり、「Marketo」上で自動化するところをお願いしたりと、ツールの変更についても話し合っています。

KPIの揺らぎを探るのがマネージャーの仕事

――マネジメントクラスでも、定期的にレビューする機会はあるのですか。

星子　マネージャークラスで2週間に1度、マーケティングから受注までの全体の流れの中で、それぞれのチームの動きが有機的に機能するための目線合わせや振り返りを行なっています。マーケティングマネージャー、営業マネージャー、各部門の責任者と社長も参加します。

――インサイドセールスチームの場合、どの部分が検証対象になりますか。

星子　やはりマーケティングから供給されたリードに対し、漏れなくアプローチをかけられているかというところと、ＳＱＬからパイプライン化のコンバージョンレートを問われます。とはいえ、やみくもに数字を上げることが大事なのではなくて、フィールドセールス側でそれぞれの担当によってパイプラインにバラつきが出ないようにするには、私たちインサイドセールスも重点を置くリードの領域を考えながらアプローチしていく必要があります。そうしたことを話し合っていますね。

弘中　ＫＰＩも確かに大事なのですが、数字がすべてを物語るわけではなく、意思決定するための判断材料の1つにすぎません。ある項目の数字を満たしていないと、その項目に直接関わるところに原因があるように見てしまいがちです。しかし、実はもっと違ったところに問題の本質があって、連鎖的に影響し合って低く出ているということも少なくありません。

例えばパイプライン化のコンバージョンレートが未達だったとして、もしかするとフィールドセールスの人材不足が原因ということもあり得るわけです。そうなると、インサイドセールスのオペレーションを変えるのではなく、採用を増やすことが大事になってくる。数字を数字でしか見ないと、誤ったジャッジをしかねません。

私たちマネージャーは、ＫＰＩの裏側にある「揺らぎ」を探ることが仕事であり、ＫＰＩでｎ％達成なので良い悪いと評価することではないと思うんです。ですから**会議でも、「達成しているからＯＫ」ではなく、「なぜこの数字なのか」といった裏側のところを追求しています。**

――縦割りで見ていたら、わからないことですね。

弘中　組織自体はマーケティング、インサイドセールス、フィールドセールス、コンサルティングサービス、カスタマーサービスというように分業型ですけど、それぞれの部門間の繋ぎはきちんと存在する風土の影響も大きいと思います。

星子　会社自体に、部門の枠組みを超えた取り組みを推奨する傾向がありますし。例えばインサイドセールスのメンバーが、マーケティングチームとコンテンツを一緒に考えるとか。知の共有を奨励しており、会社の資産になると考えて行動する習慣が定着しています。

弘中　社内ではお客様を集めてユーザー会を開催するのですが、インサイドセールスのメンバーなど、カスタマーサクセス以外の部門もよく会場に立ち会っています。自分が担当したお客様が、その後どうしているのか。お客様が「Marketo」を愛用してくださり、ビジネスに貢献できたとしたらすごくうれしいもの。みんなが前後のプロセスを意識しながら、お客様のことを考えて仕事に臨める環境にあるんです。

――最後に、日本のインサイドセールスを牽引する立場でもあるお2人ですが、これからのインサイドセールスはどのようになっていくと思いますか。

星子　もっと人と「Marketo」のハイブリッドを加速させていきたいというのが、私の思いです。今社内では、リサイクルリードに対してその時にお話しされていた課題別にコンテンツを定期配信するプログラムを実施しています。

もっとインサイドセールスに携わる人たちが、人にしかできないところに注力できるように、テクノロジーの力でサポートできればと思っています。「Marketo」の活用によるコミュニケーションの精度向上は、中長期のテーマと捉えています。

弘中　長期的に見たときに、インサイドセールスがステークホルダーのコミュニケーションハブになるんじゃないかと。現時点で、お客様と個別に対話する最初の接点がインサイドセールスですよね。これが拡大すると、解約とか最後のコミュニケーションもインサイドセールスが担うようになる可能性は非常に高いです。

インサイドセールスのいちばんの強みは、データでは拾いきれないお客様の生の声を直接聞けることにあります。フィールドセールスもその役割を担っていますが、圧倒的に量が違う。お客様の外側の情報はツールの連携によって簡単にわかる分、もっと内面的な情報が価値を持つようになっていて、それを入手できる部隊がインサイドセールスです。

もしかするとお客様とのコミュニケーションを統括する部門としてインサイドセールスが確立され、その下にマーケティングやフィールドセールスが配置される未来も訪れるかもしれない。それくらいインサイドセールスには可能性があるし、そうなることで「Marketo」もよりスケールアップしていくんじゃないかと期待しています。

弘中 文巳（ひろなか・たけみ）

２０１４年に株式会社マルケト設立のタイミングで参画し、１人目の営業担当として、インサイドセールス部門の立ち上げ、営業〜カスタマーサポートを行なう。前職は株式会社セールスフォース・ドットコムにてＣＲＭ領域に、またマーケティングオートメーションが日本で広がり始めた初期よりマルケトに参画し、マーケティング(Marketing Automation)の世界に没頭している。現在はマネジメントの他にコマーシャル市場向けのマーケティングコミュニティやユーザー会の企画から実施も担当。急成長企業やスタートアップ企業での導入経験が豊富。

星子 彩美（ほしこ・あやみ）

２０１４年、株式会社マルケトに入社。インサイドセールスオペレーションの構築・運用に従事。より多くの企業が、顧客との継続的な関係性を構築し、顧客生涯価値を高められるよう、マーケティングオートメーション〝Marketo〟を活用した、支援提案を行なう。前職では約11年、株式会社もしもしホットライン（現・りらいあコミュニケーションズ株式会社）で、企業へコンタクトセンターを活用した、営業／業務プロセス改革の企画提案・実行支援を行なう。「コミュニケーション」をキャリアの軸に培った経験と、テクノロジーの掛け合わせによる、新たな営業スタイルを実践中。

ここに注目！

さすがはマルケト、「テクノロジーでできるだけカバーし、人間でなければできないところに人は注力すべき」という考えの下、あらゆるツールと連携した仕組みが印象的でした。しかしそれ以上に、インサイドセールスの本質的な役割の部分で、学ぶところの多い事例といえます。特に次の2つは、象徴的な考え方といえるでしょう。

①お客様に最高の学習検討体験を提供するというミッション

リードとのコミュニケーションでは、顧客の気づきを促すことを重要視していました。先方のビジョンと抱えている課題をクリアにする、そして「Marketo」がどのような形で課題解決に役立てるかを検討していく。この体験をリードに提供することを、インサイドセールスが担っています。リードの立場や状況に合わせた柔軟な対応がポイントとなってくるため、展開の仕方はある程度担当者に任せられています。

星子氏はインタビュー中、「早い段階でのお客様のビジネスプロセスの理解が大切になってくる。それにはお客様に対する関心や好奇心が欠かせない」と話していました。リードの情報もパズルのピースのようなバラバラな状態ではなく、ピースを繋げて1枚の絵になってこそ意味を持ちます。インサイドセールスがテレホンアポインターと違うのは、「ピースを繋げること」にあるのではないでしょうか。情報収集がゴールではないのです。

②　KPIの裏側を探る

マルケトではマネジメントレベルの定例会で、「なぜKPIがこの数値になったのか」を探ることを重視していました。数字以上に、数字をつくった背景を知ることのほうが重要だということです。

そもそもマルケトには「アートとサイエンス（データ）のバランスが大切である」という組織全体の考えがあるそうです。数字は大切だけれども、人間の行動には心理的要素が作用する以上、定量的観点と定性的観点の両側面から検討することを重視しているとのことでした。

KPIやKGIといった指標は、チームの運営状況を把握する上で有効な手掛かりになるのは確かです。しかし数字を達成することが目的化してしまうと視野が狭くなり、チームが掲げていたビジョンやミッションから遠ざかってしまうことも少なくありません。数字ひとつでブレることのない組織運営が求められます。

マルケトの取り組みからは、インサイドセールスが仕組みだけで成り立つのではなく、組織風土や1人ひとりのマインドセットも外せない要素であることを教えてくれます。

Column 3

未来のインサイドセールスはどうなる

ここ数年で日本でもやっと大きな盛り上がりを見せてきたインサイドセールス。黎明期からインサイドセールスの日本への普及に貢献してきた方々は、「これからのインサイドセールス」についてどのように考えているのでしょうか。

Column 1、2に続いてセールスフォース・ドットコムの伊藤靖氏とマルケトの小関貴志氏に、「未来のインサイドセールス」についてそれぞれの考えを聞いてみました。

OPINION 1

株式会社セールスフォース・ドットコム
インサイドセールス本部 執行役員 本部長
伊藤 靖 氏

お客様と接する時間がより長くなる

インサイドセールスを含め、未来の営業の姿を描くというのはなかなか深いテーマです。AIやIoTの発展で、営業でもこれまでは人が行なっていた作業が不要になってきていて、「営業という職種もAIやIoTに取って代わられるのでは?」という声も聞きます。でも私自身はそうそうなくなることはないと思っていますし、人間の力が必要な分野だと感じています。

というのも、今の営業スタイル自体が、ま

だまだ人の手を煩わせるものが多すぎると感じているからです。営業事務という職種があるくらい、前段階でやるべき事務作業がとても多いのが営業の仕事です。お客様とお会いする機会をつくる上で、作業にかかる時間がボトルネックとなっているという人も多いのではないでしょうか。

そうした意味で、AIやIoTの発展は歓迎すべきものと捉えています。なぜなら、お客様のために使う時間を長く取れるようになるのですから。次世代の営業は、お客様の期待を超える提案やより深いレベルで議論を展開する、あるいはパーソナリティに魅力を感じてもらい、1人の人として付き合いたいと思えるような接点を築くといった活動にシフトしていくのではないかと思います。

部門を越えたデータの蓄積が営業活動をサポートする

新しい技術というところで、セールスフォース・ドットコムでは、アインシュタイン(Salesforce Einstein)というAIの開発が進んでいます。私たちはSFAに限らず、各部門とマーケティングや営業活動を連携できるプラットフォームを提供しています。アインシュタインがこのプラットフォームに組み込まれていることで、部門を越えて蓄積されたデータを活用し、いろんな観点から営業活動をサポートします。

例えばスコアリングからホットな状態になっているリードを探し出し、「そろそろメールを送りましょう」などとアドバイスしてくれる。また過去の商談の成功事例を元にして、それに近いステージにいるリードに対して適切なアクションができているかを判断してくれます。もし活動が足りない状態なら、「メールを出しましょう」、「電話をしましょう」、「ドキュメントを送りましょう」などと、指示が出るようになっています。

またアインシュタインは、売上予測をすることもできます。これこそ今まで多くの企業が人力に頼っており、勘と経験で割り出されていたところがあります。それをアインシュタインは、営業活動の進捗やお客様の予算や納期予定などを基に、自動的に割り出してくれるのです。

このようにテクノロジーの進化がすぐそこまで来ている中、私たちセールスフォース・ドットコム自身が、営業スタイルの変革をリードしていく立場であるべきだと考えています。私自身、部門を統括する立場として、これからこのチームをどう運営しようか常に考えていますが、時折これまでの延長線で見るのではなく、何かドラスティックに変えることも視野に入れながら運営していかなければいけないなと感じています。

ただ近年、いろんなお客様と接する中でベンチャー企業の勢いを感じています。最近のスタートアップは、自分たちでサーバーを持たずにクラウドを活用することを当たり前に受け止めているクラウドネイティブなんです。こうした新しい価値観を持つお客様が増えていくことで、またインサイドセールスのあり方も変わっていくような気がしています。

OPINION 2

株式会社マルケト
マーケティング本部 本部長 **小関 貴志** 氏

急速に進むAIの浸透

2018年の4月に、アメリカのサンノゼで行なわれた「MARTECH（マーテック）2018」というイベントに参加してきました。マーケティングテクノロジーをテーマにしたカンファレンスで、毎年開催されているものです。

マーテックによれば、現在世界には6829のマーケティングテクノロジーがあり、前年に比べて3割近く増えたそう。かなりの勢いで伸びている分野だとわかります。

中でも注目なのは、やはりAIを使ったプレディクティブ・アナリティクス(Predictive Analytics：予測分析）と呼ばれる分野です。数年前まではAIで独立したカテゴリーをつくっていましたが、今はWeb分析、BI(Business Intelligence：企業の組織データを収集・分析する技術のこと）など、用途別のカテゴリーに分類されています。もはやAIは当たり前の世界になりつつあります。

チャットボット（Chatbot：AIを使った自動会話プログラム）は既に広く実用化されていますし、SNSやアマゾンのレビューの中身を解析し、ポジティブなのかネガティブなのかを把握するもの、それにオンライン広告の文章を作成するようなものといった、テキストに関するAIはかなり発達してきています。特にインサイドセールスに関連するものでは、メールの文章を解析して、例えば

「名刺交換ありがとうございました」とあれば直接対面したこと、あるいは「打ち合わせをしましょう」と日時を記載すれば打ち合わせしたことなどが活動履歴に転記されるツールも開発されています。

それに顧客情報からいろんな観点でセグメントする、クラスタリングなどもAIの得意分野です。普通では考えもつかない切り分け方をするなど、人間の発想を超えた結果を提示することもあります。また売上予測やどこにどれくらい投資すればどんな結果が出るかといったことも、もはやAIが肩代わりする時代です。

ある企業では、人間とAIで売上予測を比較したところ、精度にほとんど差が見られなかったといいます。

二元論では語れないところに人間の価値がある

ではマルケトではどうかというと、お客様の属性に合わせて最適なコンテンツを選択するContentAIや、コンバージョンの可能性が高そうなオーディエンスを、人工知能を活用してマーケターのデータベースから見つけ出して、関連性のある方法でキャンペーンリーチを拡大するオーディエンスAI(Audience AI)というサービスを提供しています。例えば人があるマーケティング施策を打ち出そうと対象者のリストをつくったとしたら、AIのほうで別の属性に当たる人たちにも有効だとレコメンドしてくれる。私たち人間に、新しい気づきをもたらす存在として期待されています。

それにしても、これだけテクノロジーが発達すると、マーケティングやインサイドセールスにおける人の役割はどこにあるのでしょう。少なくとも、単なる御用聞きのような振る舞いをしていたら、あっという間にその役割はテクノロジーに取って代わられてしまいます。それにわざわざ営業活動をレポートにしなくたって、日々の活動がそのまま記録されていく仕組みも確立されつつあります。

となると、マーケティング、インサイドセールス、フィールドセールスということの枠組み自体が一度カオスと化して再編成されるかもしれない。もしかしたら、インサイドセールスは真っ先に消えてしまうことだってあり得るわけです。しかし一方で、お客様との信頼関係を築いていくのに「人」が不要になるとは考え難い。それは話が盛り上がったとか、アイデアを一緒に考えてくれたとか、なぜかわからないけれども安心できたとか、正しい―間違っている、できる―できないといった二元論では語れないところで、人の力が発揮されていくはずです。

結局のところ未来のインサイドセールスは、「人の力」の生かし方次第で変わってくるのだと思います。

おわりに

インサイドセールスへの関心が高まるにつれ、関連情報もＷｅｂで多く出るようになり、一般的な情報は簡単に手に入るようになりました。Ｗｅｂの情報の特性でもありますが、よその情報もしくはアメリカのサイトを焼き直したもので、間違っているわけではないのですが、長くインサイドセールスに関わってきた私からすると、ある危惧を持ちました。

その危惧とは、こういった情報だけで、インサイドセールスに対して過大な期待を抱くか、あるいは安易に始めて、実際にやってみると結果が出なくて、失望するのではないかというものです。

インサイドセールスが、営業の手法であることは間違いありませんし、実践するためには、この本で紹介したＭＡやＳＦＡのツールも必須となります。

しかし、ツールの導入や手法を変えることが、その組織もしくは企業にとって、どういう意味があるのかということを考えないと多くは定着することもなく、効果も限定的になります。ツールを提供する側にいましたので、そういった事例はたくさん見てきました。

本書で紹介しているアジャイル的な営業を取り入れるとなると、多くの日本企業では、ハードルが高いと思う方も多いでしょう。事例で出ていただいた日本企業は、比較的新しい会社ですし、セールスフォース・ドットコムとマルケトは、アメリカでも営業、マーケティングの領域でリーディング・カンパニーですので、自社とは違うと思われる方も多いかもしれません。

しかし、アジャイルという手法は、日本のＱＣ（Quality Control：品質管理）手法やカンバン方式を取り入れています。

一例を挙げるとアジャイルの主要な開発手法としてスクラムというものがあります。これはラグビーのスクラムから来ています。野中郁次郎氏と竹内弘高氏が、１９８０年代に日本人チームが一体となって開発する仕組みをラグビーのスクラムに例えた製品開発の手法が発祥です。

つまり、ＤＮＡとしては、日本が独自に育んだ製品開発、製造の手法がアメリカのソフトウエア開発者のコミュニティーに取り入れられて発達したものが、逆輸入されたようなものです。

アジャイルの核心は、協創です。チームでの運営、目標を達成するためにお互いに協力する。混乱が生じないように、コミュニケーションを密にする。アウトプットにこだわり、常に品質改善を行なう。このダイナミックな動きを支える手法は、日本企業が持っていた企業文化です。

今でもチームという閉じた共同体に属することや、組織に貢献することに生きがいを見いだす人は、欧米よりも日本人が多いのでしょう。ただ、今の日本企業の品質に関する不祥事を見ていると、いつの間にか、失ってしまったものがあるように思います。

その要因は、クローズドなコミュニケーションにとどまっていることではないかというのが、私の仮説です。大企業であれば、事業部門や部署の壁が大きく、その調整をすることが仕事になっていますし、最終的な製品の品質や顧客よりも、部門の利益を優先することが、インセンティブとなっています。もちろん、欧米の大企業にも同様な問題は存在しています。ただ、アジャイルを実践する企業とその構成員は、内向きな組織であることが死を意味することを理解していますし、雇用の流動性と優秀な人材へのニーズが相まって、組織変革を行なっています。典型的な事例がマイクロソフトでしょう。マイクロソフトの変革は、新しいCEOのサティア・ナデラの元で目を瞠《みは》るものがあります。

アジャイル的なものと現在の多くの日本企業とを分けているのは、身内というクローズドな世界に閉じこもるか、自社内の他部門と社外とのオープンなネットワークを築くことかです。

本書では、オープンなネットワークを築くにはどうすればよいかということを、具体的に理解してもらうために、事例に多くのページを割きました。1人ひとりが、どう考えて行動しているかを見てもらうことが、細かい手法を解説することよりも有効だと考えたからです。

この本を読んでいただいて、ご自身の会社で、始めてみようと思われた方に、まずお勧めしたいのは、インサイドセールスのコミュニティーに参加することです。もし、セールスフォース・ドットコム、マルケトを検討されているようでしたら、両社がサポートしているコミュニティーに参加されるのがよいでしょう。コミュニティーに参加するとは、座学の研修とは違って、積極的に質問をして、他社の方々とネットワークをつくることから始まります。

そして、スモール・スタートで始めてみましょう。始めるために社内をどう説得するか迷われたり、始めたけどうまくいかないというときは、ご相談ください。https://globalinsight-japan.com/contact/（CONTACT）にお問い合わせいただければ、ご返信いたします。

最後になりますが、この本の取材及び原稿執筆について、全面的にご協力くださったたなべやすこ氏と取材にほぼ同席してかつ編集を行なってくださった水早将氏には、本当に手助けしていただいて、ありがたかったです。西川翔陽氏をはじめとする、ユーザベースの皆さんには、趣旨を理解していただいて、赤裸々に語っていただいた内容を掲載することを了承してくださいました。何よりも、ひたむきに課題に真正面から向き合い、自ら解決することは、かっこいいことばかりじゃないのですが、リアルなところも出せたことは、特に感謝しています。

セールスフォース・ドットコムの伊藤靖氏、マルケトの小関貴志氏は、旧知の間柄ですが、お２人の取材でインサイドセールスの全体像と未来について、示すことができました。ベルフェイス西山直樹氏、ＨＥＮＮＧＥ水谷博明氏、マルケト弘中丈巳氏、星子彩美氏には、実践的な手法を惜しみなく開示していただいて、取材していても勉強になることも多く、ありがたかったです。

この本は、皆さんの協力なしにはできませんでした。ありがとうございました。

著者

【著者】
水嶋玲以仁（みずしま・れいに）
グローバルインサイト合同会社 代表
北海道大学経済学部卒。日本メーカーから外資系保険会社に転職し財務部長まで務めた後、デルコンピュータに転職しコンシューマー部門のジェネラル・マネージャーとなる。以降、インサイドセールスの実務全般について、20年に及ぶ経験を持つ。そのうち16年間は、世界有数のIT企業でB to B及びB to Cのインサイドセールス、営業チームの発展と管理業務に携わる（デルで7年、マイクロソフトで6年、グーグルで3年）。日本企業のインサイドセールス導入、再構築および営業組織全般改革のコンサルティングをプロジェクトチームで行なう。セミナー、講演も同様のテーマで多数行ないインサイドセールスの普及に努めている。
問い合わせ先：info@globalinsightjapan.com
HP:http://globalinsight-japan.com/

インサイドセールス 究極の営業術

最小の労力で、ズバ抜けて成果を出す営業組織に変わる

2018年12月5日　第1刷発行
2020年8月24日　第4刷発行

著者 ——— 水嶋玲以仁
発行 ——— ダイヤモンド・ビジネス企画
〒104-0028
東京都中央区八重洲2-7-7 八重洲旭ビル2階
http://www.diamond-biz.co.jp/
電話 03-5205-7076（代表）

発売 ——— ダイヤモンド社
〒150-8409　東京都渋谷区神宮前6-12-17
http://www.diamond.co.jp/
電話 03-5778-7240（販売）

編集協力 ——— たなべやすこ
ブックデザイン・DTP ——— 村岡志津加
撮影 ——— 中田悟・中島伸純・まるやゆういち
印刷・製本 ——— シナノパブリッシングプレス

ISBN 978-4-478-08452-6